clave

Osho desafía cualquier intento de clasificación. Sus innumerables charlas cubren todos los temas: desde la búsqueda individual del sentido de la vida, hasta los problemas sociales y políticos más apremiantes a los que se enfrenta la sociedad actual. Los libros de Osho son transcripciones de sus charlas impartidas ante audiencias internacionales, y recogidas en su totalidad en grabaciones de audio y video.

Tal como él mismo declara: "Recuerda, lo que estoy diciendo no sólo es para ti…, también estoy hablando para las futuras generaciones". El diario *The Sunday Times* de Londres lo ha definido como uno de los "1000 Creadores del siglo xx", y El *Sunday Mid-Day* de la India, como una de las diez personalidades —junto con Gandhi, Nehru y Buda— que han influido en el destino de este país.

OSHO

FAMA, FORTUNA Y AMBICIÓN

¿Cuál es el verdadero
sentido del éxito?

DEBOLS!LLO

Fama, fortuna y ambición
¿Cuál es el verdadero sentido del éxito?

Título original en inglés: *Fame, Fortune, and Ambition*
What Is the Real Meaning of Success?

Primera edición en Debolsillo: mayo, 2019

Osho® es una marca registrada de Osho International Foundation.
Para mayor información favor de dirigirse a osho.com/trademark

El material de este libro es una selección de una serie de charlas de OSHO
que responden a las preguntas formuladas por una audiencia en vivo.
Todos los discursos de OSHO han sido publicados íntegramente en inglés
y están también disponibles en audio. Las grabaciones originales de audio
y el archivo completo de textos se pueden encontrar online en la biblioteca OSHO: www.osho.com.

D. R. © 2010 Osho International Foundation, Suiza.
www.osho.com/copyrights

D. R. © 2019 derechos de edición para América Latina y Estados Unidos en lengua castellana:
Penguin Random House Grupo Editorial, S. A. de C. V.
Blvd. Miguel de Cervantes Saavedra núm. 301, 1er piso,
colonia Granada, delegación Miguel Hidalgo, C. P. 11520,
Ciudad de México

www.megustaleer.mx

Fernando Martín García, por la traducción

ISBN: 978-607-317-894-5

Impreso en México – *Printed in Mexico*

El papel utilizado para la impresión de este libro ha sido fabricado a partir de madera procedente
de bosques y plantaciones gestionadas con los más altos estándares ambientales, garantizando
una explotación de los recursos sostenible con el medio ambiente y beneficiosa para las personas.

Penguin
Random House
Grupo Editorial

ÍNDICE

INTRODUCCIÓN

La gente siempre piensa que la hierba tiene que estar más verde al otro lado de la valla porque todo el mundo se ha distraído. Te han dicho que tomes direcciones que la naturaleza no había concebido para ti. No estás yendo hacia tu propio potencial. Estás intentando ser lo que otros han querido que seas, pero eso no puede ser satisfactorio. Entonces, la lógica dice: «Quizá no sea suficiente: debes tener más». Entonces vas por más. Empiezas a mirar a tu alrededor y todo el mundo va por ahí con una máscara sonriente, con aspecto de felicidad, así que todo el mundo está engañando a todos los demás. Tú también llevas una máscara, y los demás piensan que eres más feliz que ellos. Y tú piensas que los demás son más felices que tú.

La hierba parece más verde al otro lado de la valla, sí, pero desde ambos lados. Los que viven al otro lado de la valla ven tu hierba más verde. Realmente parece más verde, más espesa, mejor. Es la ilusión que crea la distancia. Cuando te acercas, empiezas a ver que no es así. Pero la gente mantiene las distancias. Los amigos, incluso los amantes, mantienen las distancias; demasiada cercanía puede ser peligrosa, podrían ver tu realidad.

Te han guiado mal desde el principio, así que hagas lo que hagas, seguirás siendo desdichado.

La naturaleza no sabe nada de dinero; de no ser así, los dólares crecerían en los árboles. La naturaleza no sabe nada de dinero, el dinero es una invención del hombre: útil pero también peligrosa. Ves a alguien con dinero y piensas que quizá el dinero traiga la dicha; fíjate en esa persona, parece muy dichosa: persigue el dinero. Alguien tiene más salud: persigue la salud. Alguien está haciendo otra cosa y parece muy contento: haz lo que él.

Pero siempre es el otro, y la sociedad ha logrado que nunca pienses en tu propio potencial. Y toda la desdicha es porque no estás siendo tú mismo. Simplemente, sé tú mismo y, entonces, no hay desdicha, ni competición, ni preocupación, aunque los demás tengan más, aunque tú no tengas más.

Y si te gusta la hierba más verde, no hace falta que mires al otro lado de la valla; puedes hacer que tu hierba esté más verde. Conseguirlo es muy sencillo. Pero tú estás mirando a todos los demás céspedes, y todos están preciosos excepto el tuyo.

Cada individuo ha de estar arraigado en su propio potencial, sea el que sea, y nadie debería guiarle, darle direcciones específicas. Deberían ayudarle, sin importar donde vaya, o lo que vaya a ser. Y el mundo estaría tan contento que no podrías ni creértelo.

El mundo está en contra de la individualidad. Está en contra de algo tan simple como que seas tú. Quiere que seas un robot, y el haber aceptado serlo comporta dificultades. No eres un robot. Ésa no era la intención de la naturaleza. Así que, como no eres lo que se suponía que tenías que ser, lo que estabas destinado a ser, estás buscando constantemente: «¿Qué falta? Quizá un mobiliario mejor, mejores cortinas, una casa mejor, un esposo mejor, una esposa mejor, un empleo mejor...». Te pasas toda la vida intentándolo y corriendo de un lado para otro. Pero la sociedad te ha distraído desde el principio.

Mi tarea es traerte de regreso a ti mismo. Entonces, de repente, sentirás que todo ese descontento desaparece. No es necesario que seas más; eres suficiente. Todo el mundo es suficiente.

uno

EL ÉXITO A LOS OJOS DE QUIEN LO POSEE

La gente va posponiendo todas las cosas importantes. Ya reirán mañana; hoy, hay que ganar dinero... más dinero, más poder, más cosas, más aparatos. Ya amarán mañana; hoy no hay tiempo. Pero mañana nunca llega, y un día se encuentran a sí mismos hartos de los aparatos, hartos del dinero. Han llegado al peldaño más alto de la escalera y, desde ahí, ya no se puede ir a ninguna parte, excepto saltar a un lago.

Pero ni siquiera pueden decirle a los demás: «No hace falta que vengas, aquí no hay nada», porque eso los haría parecer estúpidos.

■ **Siempre he soñado con ser mundialmente famoso, rico y triunfador. ¿Puedes decirme algo que me ayude a cumplir mi deseo?**

No, señor, en absoluto, nunca, porque tu deseo es suicida. Yo no puedo ayudarte a que te suicides.

Puedo ayudarte a crecer y ser, pero no puedo ayudarte a que te suicides, no puedo ayudarte a que te destruyas a ti mismo por nada.

La ambición es veneno. Si quieres ser mejor músico, puedo ayudarte, pero no pienses en términos de hacerte mundialmente famoso. Si quieres ser mejor poeta, puedo ayudarte, pero no pienses en términos de premios Nobel. Si quieres ser un buen pintor, puedo ayudarte, ayudo a la creatividad. Pero la creatividad no tiene nada que ver con el nombre y la fama, el éxito y el dinero.

Y no quiero decir que, si se da el caso, tengas que renunciar a ellos. Si vienen, está bien, disfrútalos. Pero no dejes que sean tu motivación, porque cuando alguien está intentando triunfar, ¿cómo puede ser realmente un poeta? Su energía es política, ¿cómo puede ser poético? Si alguien está intentando ser rico, ¿cómo puede ser un verdadero pintor? Toda su energía está orientada a ser rico. Un pintor necesita enfocar toda la energía en la pintura, y la pintura es aquí y ahora. Y puede que la riqueza llegue en algún momento en el futuro, o puede que no. No es preciso; todo es accidental. El éxito es accidental, la fama es accidental.

Pero la felicidad no es accidental. Puedo ayudarte a ser feliz; puedes pintar y ser feliz. Que la obra llegue a ser famosa o no, que te conviertas en un Picasso o no, esa no es la cuestión. En lo que sí puedo ayudarte es a pintar de tal forma que, mientras pintes, incluso Picasso sentiría envidia de ti. Puedes enfrascarte por completo en tu pintura, y esa es la verdadera dicha. Esos son los momentos de amor y meditación; esos son los momentos divinos. Un momento divino es aquel en el que estás completamente enfrascado, cuando tus fronteras desaparecen, cuando tú no eres y la divinidad es.

Pero a triunfar no te puedo ayudar. No estoy en contra del éxito, déjame que te lo recuerde de nuevo, no estoy diciendo que no triunfes. No tengo nada en contra de eso, es absolutamente correcto. Lo que estoy diciendo es que eso no debe ser lo que te motive, de lo contrario, te perderás la pintura, te perderás la poesía, te perderás la canción que estás cantando ahora mismo; y cuando llegue el éxito, tendrás las manos vacías porque el éxito no puede satisfacer a nadie. El éxito no puede nutrirte; no contiene nutrientes. El éxito no es más que una pompa de jabón.

La otra noche estuve leyendo un libro acerca de Somerset Maugham, *Conversaciones con Willie*. El libro lo escribió su sobrino, Robin Maugham. Pues bien, Somerset Maugham era una de las personas más famosas y ricas de su tiempo, pero las memorias son reveladoras. Robin Maugham escribe acerca de su famoso y triunfador tío:

Sin duda, era el autor más famoso en su época. Y el más triste... «Verás —me dijo—, muy pronto habré muerto, y no me gusta la idea en absoluto... —y esto lo decía a los noventa y un años—. Soy una fiesta muy vieja —me dijo—. Pero eso no hace que sea más fácil para mí.»

Maugham era rico y mundialmente famoso, y a los noventa y un años todavía seguía amasando una gran fortuna, aunque llevara décadas sin escribir ni una palabra. Los *royalties* de sus libros, al igual que las cartas de admiradores, llegaban de todo el mundo. El sobrino continúa escribiendo:

«¿Cuál es el recuerdo más feliz de tu vida?», le pregunté. Y él me contestó: «No recuerdo ni uno solo». Eché un vistazo por la sala de dibujo y observé los muebles, cuadros y objetos de arte de incalculable valor que su éxito le había permitido adquirir. Tenía una villa con un maravilloso jardín en un lugar privilegiado en la costa del Mediterráneo valorada en seiscientas mil libras. Tenía a su servicio dieciséis criados, pero no era feliz.

«Verás, cuando me muera —me dijo—, me lo quitarán todo, cada árbol, la casa, y todos y cada uno de los muebles. No me podré llevar conmigo ni una mesa.»

Y estaba muy triste y tembloroso.

Se quedó en silencio durante un rato... luego, dijo: «Toda mi vida ha sido un fracaso. Desearía no haber escrito ni una sola palabra. ¿De qué me ha servido? Toda mi vida ha sido un fracaso, y ya es demasiado tarde para cambiar». Y sus ojos se llenaron de lágrimas.

¿De qué te puede servir el éxito? Así que, este hombre, Somerset Maugham, vivió en vano. Vivió mucho tiempo —noventa y un años—, podría haber sido un hombre muy tranquilo, satisfecho. Pero sólo si el éxito pudiera proporcionarlo; sólo si la riqueza pudiera proporcionarlo; sólo si una gran villa y sirvientes pudieran proporcionarlo.

En el análisis final de la vida, el nombre y la fama son irrelevantes. Lo único que cuenta para el resultado final es cómo has vivido cada momento de tu vida. ¿Fue una gozada, una celebración? ¿Fuiste feliz en las pequeñas cosas? Tomando un baño, sorbiendo té, fregando el suelo, paseando por el jardín, plantando árboles, hablando con un amigo, sentado en silencio con tu amada o amado, mirando a la luna o simplemente escuchando a los pájaros, ¿fuiste feliz en todos esos momentos? ¿Fue cada momento luminoso, feliz y de radiante alegría? Eso es lo que importa.

Me preguntas si puedo ayudarte a cumplir tu deseo. No, en absoluto, porque ese deseo es tu enemigo; te destruirá. Y un día, llorarás de frustración, y dirás: «Ya es demasiado tarde para cambiar. Demasiado tarde».

Ahora mismo no es demasiado tarde, se puede hacer algo: puedes cambiar tu vida por completo desde sus raíces. Puedo ayudarte a pasar a través de un cambio alquímico, pero no puedo garantizar nada en el aspecto mundano. Garantizo plenamente el éxito en el mundo interior; puedo hacerte rico, tan rico como cualquier buda, y sólo los budas son ricos. Aquellos que sólo tienen cosas mundanas a su alrededor no son realmente ricos; son pobres que se engañan a sí mismos y a los demás creyendo que son ricos. En el fondo está el mendigo; ellos no son los verdaderos emperadores.

Buda llegó a una ciudad, y el rey dudaba si debía ir a recibirle. Su propio primer ministro le dijo: «Si no vas a recibirlo, acepta mi dimisión, porque no podré seguir a tu servicio». El rey le preguntó: «¿Por qué?». Su primer ministro era indispensable, el rey estaría perdido sin él, era la verdadera clave de su poder. Le preguntó: «Pero ¿por qué? ¿Por qué insistes? ¿Por qué tengo que ir a recibir a un mendigo?». Y el primer ministro, que ya era muy mayor, le respondió: «Tú eres el mendigo y él es el emperador, por eso. Ve a recibirlo, porque si no lo haces no seras digno de ser servido».

El rey tuvo que ir, aunque a regañadientes. Y después de haber visto a Buda, volvió y se postró a los pies del anciano, su primer ministro, y le dijo: «Tenías razón, él es el rey; yo soy el mendigo».

La vida es extraña. Aquí, algunas veces los reyes son mendigos y los mendigos son reyes. No te dejes engañar por las apariencias. Mira en el interior. El corazón es rico cuando late dichoso, el corazón es rico cuando entra en armonía con el Tao, con la naturaleza, con la ley suprema de la vida. El corazón es rico cuando entra en armonía con el todo; ésa es la única riqueza que existe. De otro modo, un día llorarás y dirás «Es demasiado tarde...».

No puedo ayudarte a arruinar tu vida, estoy aquí para realizar tu vida; estoy aquí para darte vida abundante.

■ **Algunas veces tengo la sensación de que ya he madurado para el mundo, de que ya puedo irme y hacer cosas, como «Una mujer tiene que hacer lo que tiene que hacer».**
Salir al grande y ancho mundo, ganar mucho dinero, impresionar a todo el mundo y pasar a la historia.

He pasado mucho tiempo en la comunidad de meditadores a tu alrededor, y me ha encantado. Pero ahora que estoy más cerca que nunca de entender lo que realmente es la meditación, emergen todas estas fantasías de fama y fortuna.

¿Por qué no puedo quedarme sentada en paz en el aquí y ahora y empaparme del amor que me inunda cada día? ¿Realmente estoy tan ciega?

No quiero herir tus sentimientos, pero la verdad es que todavía estás ciega. A mí han acudido muchos tipos de personas. La mayoría accidentalmente, no traían una idea clara de para qué habían venido, y cuando llegaron se involucraron en la meditación, se involucraron con mi presencia, con el amor que hay a mi alrededor. Se quedaron pero, en el fondo de sus subconscientes, sus viejos deseos todavía estaban vivos. Así que en la superficie se sentían bien, pero la superficie es fina. Cualquier pequeño incidente puede abrir la caja de Pandora, y todos los deseos que ellos creían que habían desaparecido, salen a la luz con más fuerza que nunca. Eso es lo que te está ocurriendo a ti.

Dices: «Algunas veces tengo la sensación de que ya he madurado para el mundo». Por favor, no te engañes. El día que hayas madurado para el mundo, yo te lo diré. Todavía no se te puede dar un certificado; ¡aún no has madurado para el mundo!

Pero la mente es así de astuta. La mente no quiere ir al mundo porque ya hayas madurado sino porque todos esos sentimientos reprimidos quieren su cumplimiento: «Ya puedo irme y hacer cosas». ¿Y qué cosas son ésas? «Una mujer tiene que hacer lo que tiene que hacer.»

Y qué cosas tan extrañas tiene que hacer una mujer. «Salir al grande y ancho mundo, ganar mucho dinero, impresionar a todo el mundo y pasar a la historia.»

El final no es muy interesante: ¿pasar a la historia o ser historia? Pasar a la historia significa irse a la tumba. La historia sólo es una crónica de los que ya están muertos. Tienes una idea extraña... «Una mujer tiene que hacer lo que tiene que hacer.» Nunca lo había pensado. Lo que sea que una mujer tenga que hacer, lo puede hacer aquí. ¿Por qué irse al ancho mundo?

«Ganar mucho dinero.» ¿Qué harás con el dinero? ¿Crear una fundación caritativa? El dinero no se puede comer, ni se puede vivir sólo con dinero; y no sólo es ganar el dinero suficiente para sobrevivir, sino *mucho* dinero. ¿Has pensado alguna vez qué significa para ti «mucho dinero»? ¿Hay algún límite? Porque «mucho dinero» puede significar cualquier cosa. ¿Y cómo vas a ganar mucho dinero? ¿Haciendo «lo que una mujer tiene que hacer»?

No seas estúpida. Fuera de aquí, hay muchas mujeres que están haciendo su trabajo, ganando mucho dinero y esforzándose para pasar a la historia. Y, además, eso es muy difícil. ¿Cuántas mujeres han pasado a la historia, y cuántas mujeres han existido en este planeta? Y las mujeres que han pasado a la historia no son dignas de admiración.

Por ejemplo, Cleopatra, que pasó a la historia por ser una de las mujeres más hermosas, y le vendía su cuerpo a cualquier conquistador que venía a tomar Egipto: César, Antonio o quien fuera. Su única defensa era vender su cuerpo. Tiene que haber sido la mayor prostituta del mundo. ¿Acaso crees que floreció, que alcanzó su individualidad? Tan sólo era una pelota que los generales se pasaban uno al otro. Llegaba un general y le ofrecía su cuerpo, y si venía otro general, también estaba dispuesta a ofrecérselo. Eso sí, se mantuvo como emperatriz de Egipto, tuvo mucho dinero e hizo todo lo que «una mujer tiene que hacer».

Pero a este tipo de criaturas no se les debe imitar. Aunque su cuerpo fuera hermoso, su espíritu debía ser perverso, completamente perverso. En el amor puedes darlo todo, tu cuerpo, tu mente, tu alma, y es una gran experiencia. Pero vender tu cuerpo por dinero o por poder es la cosa más perversa que existe.

¿Y qué ganarías impresionando a todo el mundo? Yo podría sugerirle a todo el mundo que se sintieran impresionados por ti, y todos disfrutarían con el juego. Todo el mundo se te acercaría y te diría: «¡Eres realmente fantástica! Comparada contigo, Cleopatra no era nada».

¿Cómo vas a impresionar a la gente de fuera, en la sociedad? ¿Cuál es tu don para impresionar al mundo? La poesía, la escultura, la pintura… todos esos campos son muy competitivos. Aquí, las cosas son muy sencillas. Simplemente te pones en pie y le dices a la gente: «Ha surgido en mí un gran deseo de impresionarlos. Por favor, si son tan amables, impresiónense», ¡y ya está! ¡Todo el mundo se quedará impresionado! Y no tienes que hacer nada de «lo que una mujer tiene que hacer».

Dices: «Emergen todas estas fantasías de fama y fortuna. ¿Por qué no puedo quedarme sentada en paz con el aquí y ahora e impregnarme del amor que me inunda cada día? ¿Realmente estoy tan ciega?».

Tu ceguera es causada por tus deseos reprimidos. No has limpiado tu corazón. Has venido aquí y te has cubierto con una capa bajo la cual están todos los escorpiones y culebras, todas las arañas y cucarachas.

Lo primero que todo meditador tiene que hacer es limpiar todas esas cosas y, con un suelo limpio, empiezan a crecer las rosas. Si no, un día u otro esos escorpiones, culebras y cucarachas se afirmarán y destruirán todo tu bonito jardín de rosas. Aun así, no se pierde nada: empieza a limpiar.

El meditador no es ni varón ni mujer, porque la meditación no tiene nada que ver con el cuerpo; tampoco tiene nada que ver con la mente. En meditación, eres pura y simplemente conciencia, y la conciencia no es ni masculina ni femenina.

En cuanto entiendes tu conciencia, todos los deseos de dinero, de fama, de poder, de impresionar a la gente y de pasar al sumidero de la historia simplemente desaparecen.

Has empezado a plantar rosas sin arrancar antes las malas hierbas. Ahora, esas malas hierbas ocultan tus rosas. Has regado las rosas pero las malas hierbas también se han beneficiado de ese regadío, de todo ese abono, de todos esos cuidados. Y recuerda que esas malas hierbas son más fuertes que las hermosas rosas. Poco a poco, irán invadiendo tus rosas, acabarán con ellas, y todo el jardín se llenará de rosas muertas y de malas hierbas muy lustrosas. Cualquier jardinero sabe que antes hay que limpiar el suelo, hay que quitar todas las viejas raíces. Hay que arrancar de raíz todas las malas hierbas para que no vuelvan a salir. Es indispensable para que puedan crecer las delicadas flores.

La meditación es la flor más delicada en la existencia. Has empezado a plantarla sin preocuparte por las ratas, las cucarachas y los escorpiones. Se quedaron ahí, y ahora se levantan en protesta. Todos ellos son seres políticos, ¡y muy fuertes!

Los científicos dicen que, en todas las épocas, donde ha estado el hombre ha habido cucarachas. O viceversa, donde haya cucarachas, se puede inferir que tiene que haber seres humanos cerca. A las cucarachas les gusta mucho el ser humano; al parecer, no hay forma de deshacerse de ellas. He oído que incluso en el cohete que fue a la Luna, los astronautas encontraron cucarachas. Aunque se tomaron toda clase de precauciones, de alguna forma, las cucarachas encontraron su camino y se fueron a la luna con los seres humanos.

Todavía no es demasiado tarde. Empieza a limpiar tu suelo. Y tienes toda la capacidad, toda la facultad, y has tenido experiencias de hermosos silencios del corazón. Has sido dichosa, a pesar de esta conspiración subyacente. Y esta conspiración que subyacente de tu mente ahora te está convenciendo de que ya has madurado: «Ya no es necesario preocuparse por el mundo, puedes salir al mundo». ¿Para qué? Una persona que ha madurado en meditación ni siquiera puede pensar en tener mucho dinero, pasar a la historia o en ser «una mujer tiene que hacer lo que tiene que hacer». Ésta es una extraña idea. ¿De dónde la has sacado? Parece que es tu propia contribución especial.

Ahora, todos han oído hablar de ti, ¡y espero que se sientan impresionados por ti! Ellos disfrutarán y tú disfrutarás. Es inofensivo, así que todo el mundo debería encontrar a la persona que ha hecho esta pregunta, inclinarse y decirle: «Estoy muy impresionado. Dios mío, ¿por qué hablará la gente de Cleopatra estando tú aquí?».

¿Para qué pasar a la historia? Simplemente, ¡sal a dar una vuelta entre la comunidad!

En las noticias de última hora de la CBS, durante la toma de rehenes en Irán, el locutor anunciaba: «Ahora les ofrecemos las últimas noticias. Hay una buena y una mala. Primero la buena noticia: Raquel Welch se ha ofrecido a sí misma a cambio de los rehenes y el ayatolá Jomeini ha aceptado. Ahora la mala noticia: Teddy Kennedy la está llevando al aeropuerto».

Evita estos ayatolás Jomeini y Teddys Kennedy. Todos tus deseos se pueden cumplir con la gente de aquí. «Una mujer tiene que hacer lo que tiene que hacer», ¿qué significa eso? ¿Por qué no hacerlo aquí? Si quieres impresionar a la gente, impresiónala, la gente a mi alrededor tiene la suficiente compasión. Aunque no seas hermosa, te dirán que lo eres, que tu belleza es de una variedad única.

Y en lo que respecta a la historia, puedes empezar a escribir una historia universal en la que tú seas la mayor heroína que haya existido jamás. ¿Por qué esperar a que lo hagan los historiadores, con la inseguridad de si van a escribir o no acerca de ti? Aquí tenemos muchas personas muy capacitadas para escribir. Pueden empezar a escribir una historia para ti. Será un gran placer hacer que esta mujer tan especial, aún estando en vida, pase a la historia. Podemos editar nuestros propios libros de historia; no hace falta que nadie lo haga por nosotros. Libros de historia hermosos, encuadernados con seda, con una gran foto tuya. No hace falta hacer una gran edición, sólo unas cuantas copias que circulen entre las personas que tienen alguna conexión conmigo alrededor del mundo, que se envíen a todos los centros, a todas las comunidades: «Leer esta historia es obligatorio para todo meditador». Eso es algo que podemos arreglar muy fácilmente.

Fuera, en el mundo, me preocupa que vayas a estar sola. Y puede que triunfes o puede que no. Aquí, el éxito es absolutamente seguro, está garantizado.

■ **¿Qué significa realmente el éxito? Cuando hablas del éxito, ¡algunas veces suena como si estuvieras en contra de él!**

No estoy en contra de nada ni a favor de nada. Lo que ocurre, ocurre. Uno no necesita elegir, porque, con la elección, viene la desdicha. Si quieres triunfar, tendrás que seguir siendo desdichado. Puede que triunfes, o puede que no; pero una cosa es segura: seguirás siendo desdichado.

Si quieres triunfar, y triunfas por suerte, por casualidad, no te sentirás satisfecho, porque la mente funciona así. Lo que tienes se vuelve insignificante, y la mente empieza a ir por delante de ti. Desea más y más. La mente no es otra cosa que el deseo de más. Y se trata de un deseo que no se puede cumplir nunca, porque, por mucho que tengas, siempre puedes imaginar más. Y la distancia entre ese «más» y lo que ya tienes siempre se mantendrá constante.

Albert Einstein dice que la velocidad del tiempo se mantiene constante; ésa es la única constante. Y Buda dice que la velocidad de la mente se mantiene constante. La verdad es que la mente y el tiempo no son dos cosas diferentes, son la misma cosa con dos nombres distintos.

Así pues, si quieres triunfar, puede que lo hagas, pero no estarás contento. ¿Y de qué te sirve el éxito si no estás contento? Y si triunfas, será por casualidad; lo más probable es que fracases, porque no eres el único que persigue el éxito; hay millones de personas que lo persiguen.

En un país de seiscientos millones de personas sólo una puede ser el presidente, pero hay seiscientos millones de personas que querrían serlo. Pero sólo una lo consigue, todas las demás fracasan. Hay más probabilidades de que fracases; matemáticamente, el fracaso parece más seguro que el éxito.

Si fracasas, te sientes frustrado; toda tu vida parece un puro desperdicio. Si triunfas, nunca triunfas; si fracasas, fracasas, así es el juego.

Dices que sospechas que estoy en contra del éxito. No, no lo estoy. Porque si estás en contra del éxito, estás volviendo a asumir otra idea de cómo triunfar, la idea de cómo deshacerse de esta tontería de ser un triunfador. Entonces, asumes otra idea... de nuevo la distancia, de nuevo el deseo.

Pues bien, esto es lo que hace que las personas se hagan monjes, lo que hace que se recluyan en los monasterios. Están en contra del éxito. Quieren salirse de un mundo que está lleno de competición, quieren huir de todo eso para alejarse de la provocación, de la tentación, y poder descansar en ellos mismos. Intentan no desear el éxito, ¡pero esto es un deseo! Ahora tienen una idea de éxito espiritual: cómo triunfar y convertirse en un Buda, cómo triunfar y convertirse en un Cristo. De nuevo, una idea; de nuevo, la distancia; de nuevo, el deseo. De nuevo, comienza el juego.

No estoy en contra del éxito. Por eso estoy en el mundo, de otro modo, habría huido. No estoy ni a favor ni en contra. Lo que digo es que seas un tronco a la deriva; lo que quiera que ocurra, deja que ocurra. No tengas una elección propia. A lo que sea que aparezca en tu camino, dale la bienvenida. Algunas veces es de día y otras veces es de noche; algunas veces hay felicidad y otras veces hay desdicha. No hagas elecciones, simplemente acepta cualquiera que sea el caso.

Eso es lo que yo llamo cualidad espiritual en un ser. Eso es lo que yo llamo conciencia religiosa. No estar ni a favor ni en contra, porque si estás a favor, estarás en contra; si estás en contra, estarás a favor. Y en cuanto estás a favor de algo o en contra de algo, has dividido la existencia en dos. Has adoptado una elección, y la elección es el infierno. No ser electivo es estar libre del infierno.

Deja que las cosas sean. Simplemente, sigue adelante, disfrutando de todo lo que esté a tu disposición. Si hay éxito, disfrútalo. Si hay fracaso, disfrútalo, porque el fracaso también trae consigo algunos placeres que ningún éxito puede traer jamás. Y una persona que no tiene ninguna idea propia es capaz de disfrutar de todo, ocurra lo que ocurra. Si está sana, disfruta de la salud; si está enferma, descansa en la cama y disfruta de la enfermedad.

¿Has disfrutado alguna vez de la enfermedad? Si no lo has hecho, te estás perdiendo algo grande. Simplemente, estás tumbado en la cama sin hacer nada, sin preocupaciones por el mundo, y todo el mundo te cuida. De repente, te conviertes en un monarca, todo el mundo es atento, te escucha, es cariñoso. Y no tienes nada que hacer, ni una sola preocupación. Simplemente, descansas. Escuchas a los pájaros, escuchas música, o lees un poco y te echas una cabezada. ¡Es maravilloso! Tiene su propio encanto. Pero si tienes la idea de que siempre tienes que estar sano, entonces serás desdichado.

La desdicha viene de la elección. La felicidad es cuando no elegimos.

«¿Qué significa realmente el éxito? Mi punto de vista es: si puedes ser ordinario, eres triunfador.

> El paciente se quejaba a sus amigos: «Después de un año y tres mil dólares en psiquiatra, va y me dice que estoy curado. ¡Vaya cura! Hace un año, yo era Abraham Lincoln, ahora soy un don nadie».

Esto es lo que significa tener éxito para mí: ¡sé un don nadie! No necesitamos Abraham Lincolns, no necesitamos Adolf Hitlers. Sé ordinario, un don nadie, y tu vida será inmensamente dichosa. Sé sencillo. No crees complicaciones en tu entorno. No demandes. Todo lo que venga, sea lo que sea, recíbelo como un regalo y disfrútalo, deléitate en ello. Y son millones las dichas que están siendo derramadas sobre ti, lo que pasa es que tu mente demandante no puede verlas. Tu mente tiene tanta prisa por tener éxito, por ser alguien especial, que te pierdes toda la gloria que está a tu disposición.

Ser ordinario es ser extraordinario. Ser sencillo es haber llegado a casa.

Pero eso depende: sólo con oír la palabra «ordinario» empiezas a sentir un mal sabor de boca. ¿Ordinario? ¿Tú, y ordinario? Puede que todos los demás sean ordinarios, pero tú eres especial. Esta locura, esta neurosis, está en la mente de todo el mundo.

Los árabes cuentan una fábula referente a esta cuestión. Dicen que cuando Dios creó al hombre, a cada individuo le susurró algo al oído: «Nunca he creado un hombre, o una mujer, como tú; tú eres especial. Todos los demás son ordinarios».

Y aún sigue gastando la misma broma y todo el mundo nace convencido de esta mentira, pensando: «Soy especial. El propio Dios me ha dicho que soy único». Puede que no lo digas porque piensas que estas personas ordinarias serían incapaces de comprenderlo; además, ¿para qué lo vas a decir? No tienes por qué decir nada. ¿Para qué crearte problemas? Pero tú lo sabes, y estás totalmente seguro de ello.

Y todo el mundo se encuentra en la misma situación: tú no eres el único al que le han gastado esta broma. Dios lo hace con todo el mundo. A lo mejor, ha dejado de hacerlo personalmente y ha programado un ordenador para que le vaya repitiendo lo mismo a todo el mundo.

Depende de cómo lo interpretes. La palabra «ordinario» tiene un gran significado, ¡pero, depende si entiendes!... los árboles son ordinarios. Los pájaros son ordinarios. Las nubes son ordinarias, las estrellas son ordinarias. Por eso no están neuróticos. Por eso no necesitan ningún diván de psiquiatra. Están sanos, están llenos de vida y energía. ¡Simplemente, son ordinarios! Ningún árbol está lo bastante loco como para ser competitivo, y a ningún pájaro le preocupa en lo más mínimo quién es el pájaro más poderoso del mundo. Simplemente, se dedica a lo suyo, y lo disfruta. Pero depende de cómo lo interpretes.

Un padre lleva a su hijo pequeño a la ópera para que vaya adquiriendo cultura. Primero sale el director con su batuta, luego sale la gran diva, y empieza a cantar un aria. Mientras el director mueve la batuta, el niño pregunta: «Papá, ¿por qué ese señor está pegándole a esa señora?». El padre le contesta: «No le está pegando; ése es el director». Y el niño le pregunta: «Y si no le está pegando, ¿por qué grita tanto?».

Todo lo que ves en la vida es tu interpretación. Para mí, la palabra «ordinario» tiene un enorme significado. Si me escuchas, si me oyes, si me entiendes, te gustaría ser ordinario. Y para ser ordinario no hace falta esforzarse. Ya está ahí.

Entonces toda lucha, todo conflicto, desaparece. Simplemente, empiezas a disfrutar de la vida tal como va viniendo, tal como se va desarrollando. Disfrutas tu infancia, disfrutas tu juventud, disfrutas tu vejez, disfrutas tu vida y también tu muerte. Disfrutas de todas las estaciones del año. Cada estación tiene su propio encanto, cada estación tiene algo que ofrecerte, algún éxtasis particular.

■ **Un hermoso día en el que se respiraba el amor en el aire, incluso Winnie the Pooh se olvidó de su constante e infructuosa búsqueda de un tarro de miel y se sentó. Cuando abrió los ojos, estaba tumbado para ver que, a su alrededor, había enormes tarros repletos con más miel de la que podría comer.**

Más tarde, cuando se acercó a ver a Eeyore, todo pegajoso y muy contento y satisfecho por este descubrimiento, éste, adoptando pose de sabio, le dijo: «La miel siempre está ahí, pero sólo puedes encontrarla cuando no la buscas».

Pooh pensó que lo había entendido, pero durante los siguientes días, cuando, de repente, echaba una mirada furtiva por el rabillo del ojo, ¡la miel no estaba ahí! Incluso lo intentó volviéndose a sentar y diciendo a voz en grito: «¡No estoy buscando miel!», pero cuando abrió los ojos la miel seguía sin aparecer. ¿Cómo puedo abandonar mi codicia y mis expectativas y, simplemente, ser?

Sí, es una de las preguntas más fundamentales. Cuando no la buscas, hay miel por todas partes. Cuando empiezas a buscarla, de repente, desaparece. Ésta es una gran verdad. En cuanto empiezas a buscarla, te pones tenso. En cuanto empiezas a buscarla, estás absorto, te vuelves cerrado. Y la miel sólo es posible cuando estás abierto, no cuando estás cerrado. La miel se desborda a tu alrededor cuando tú también estás desbordante en todas las direcciones.

Estar buscando algo significa estar enfocado en una dirección. No estar buscando significa que estás disponible en todas las direcciones, que estás disponible en cualquier dirección posible, que estás disponible para toda la existencia.

Pero el problema es que si alguien te dice que no busques, dices: «Está bien, no lo intentaremos», pero, inconscientemente, sigue habiendo esfuerzo. Incluso intentas no buscar, pero ese intento también se convierte en un esfuerzo de búsqueda.

La pregunta es básica. Buda dice: «Si no tienes deseos, todos los deseos se cumplirán». Así que, un día, un monje le preguntó: «Desde que dijiste que si no tienes deseos, todos los deseos se cumplirán, sólo tengo un deseo: no tener deseos. ¿Qué se puede hacer?». Porque desear no tener deseos también es un deseo; está en el mismo plano. Entre desear dinero, poder, prestigio, y desear no tener deseos, no existe ninguna diferencia. Sólo cambia el objeto de deseo; el deseo se mantiene igual. Y el problema es el deseo, no el objeto.

Si deseas dinero, la gente dirá que eres muy mundano, muy materialista. Si deseas a Dios, la gente dirá que eres muy espiritual, muy religioso. Pero para aquellos que saben, no existe ninguna diferencia: sigues siendo mundano. ¡Da igual que los deseos sean mundanos o espirituales! El deseo en sí es mundano; no existen los deseos espirituales.

Dios no puede ser deseado. Si lo deseas, lo pierdes. Si buscas, no encontrarás. Cuanto más busques, más desdichado te volverás. No busques y encuentra. Simplemente *sé*, en una actitud de no buscar. No con la actitud de seguir pensando en el fondo: «Debo de estar a punto de conseguir la felicidad porque no la estoy buscando»; porque entonces vuelves a caer en la misma trampa.

La pregunta es: ¿qué habría que hacer? «¿Cómo puedo abandonar mi codicia...?». Pero ¿por qué quieres abandonar tu codicia? ¿Por qué, en primer lugar, quieres abandonar tu codicia? Tras eso debe ocultarse alguna codicia: llegar a Dios, al nirvana, a la iluminación y cosas por el estilo, todo tipo de cosas disparatadas, absurdas.

La iluminación *sucede*, no se puede desear. Un día, de repente, descubres que todos los deseos han desaparecido; entonces, hay iluminación. Siempre ha estado ahí; sólo que no podías verla porque los deseos no te dejaban. El deseo se convierte en una cortina sobre tus ojos. Pierdes claridad, no puedes ver lo que existe. ¿Cómo vas a ver lo que existe si quieres que haya algo? Cuando esperas algo, la expectativa no te permite ver lo que existe. Con la expectativa, ya te has trasladado al futuro.

Quieres una mujer hermosa, y tienes una fantasía. Por esa fantasía perderás a tu mujer, que está justo frente a ti, pero la fantasía te impide verla. La fantasía te va alejando.

Preguntas: «¿Cómo puedo abandonar mi codicia?». Me gustaría saber por qué, en primer lugar, quieres abandonar la codicia. Y de repente, descubrirás que tras ello se oculta alguna codicia. Codicia tras codicia tras codicia. Eso no servirá de nada.

Así que no te diré cómo abandonarla; te diré cómo comprenderla. En la comprensión se cae por sí sola. No es que la abandones, no puedes. Tú *eres* codicia; ¿cómo vas a abandonar la codicia? Tú eres deseo; ¿cómo vas a abandonar el deseo? Tú eres la búsqueda; ¿cómo vas a abandonar la búsqueda, la indagación? Este «tú» es el centro de toda tu locura. Preguntas cómo abandonar la codicia. ¿Quién está preguntando? El «yo». Pues bien, el «yo» quiere poseer incluso a Dios, el «yo» quiere poseer la iluminación. El «yo» no sólo quiere este mundo, también quiere el otro mundo. El «yo» se está volviendo más demencial.

Sólo tienes que entender. No hace falta abandonar nada. El hombre no puede abandonar nada. Sólo intenta entender. Intenta entender los caminos de la codicia. Intenta entender cómo funciona, cómo trae consigo más y más desdicha, más y más frustración, cómo va por delante de ti creando nuevos infiernos para ti. Va creando nuevos infiernos para que estén preparados para cuando tú llegues. Observa el propio fenómeno de la codicia, sin idea de abandonarla, porque si quieres abandonarla, una parte de ésta quedará sin ser observada. La parte que quiere abandonar la codicia no será observada, se mantendrá en la oscuridad.

No es necesario pensar en esos términos. Simplemente, intenta entender. A eso se refiere Sócrates cuando dice: «Conócete a ti mismo». Eso no significa que tengas que sentarte en silencio y repetir: «Yo soy el alma, yo soy Dios». ¡No es eso! «Conócete a ti mismo» significa que, cualquiera que sea el caso, entres en él a fondo, capa por capa. Exponlo a tu comprensión. Llega hasta el fondo, hasta las mismísimas raíces. Obsérvalo minuciosamente. Y cuando hayas observado todas sus capas una por una...

Las capas son igual que una cebolla. Pela una cebolla; de la misma forma, pela tu ser, como una cebolla, sigue pelando. Encontrarás nuevas capas; sigue pelando, sigue pelando... Un día, de repente, lo habrás pelado por completo y en tus manos sólo quedará vacío. En ese vacío, la codicia ha desaparecido, la iluminación ha sucedido. En ese vacío está lo divino. Ese vacío es divino.

Así que, en lugar de preguntar cómo abandonar la codicia, pregunta cómo entenderla. Todo depende de una cosa: comprensión. Cuando la comprensión de algo es perfecta, libera.

A eso se refiere Jesús cuando dice: «La verdad libera». Cuando conoces la verdad de la codicia, te liberas. Cuando conoces la verdad de la sexualidad, te liberas. Cuando conoces la verdad de cualquier cosa, sea lo que sea, te liberas de ella. Conocer es ser libre; no conocer es estar cautivo.

Así que no preguntes cómo abandonar tu codicia. No hay prisa. De hecho, entra en ella a fondo, obsérvala en profundidad antes de que desaparezca; pues de otro modo, te perderás para siempre esa comprensión. Si desaparece antes de la comprensión, siempre faltará algo. Por eso no desaparece, se aferra a ti. Se aferra hasta el último momento, cuando la entiendes, cuando la has observado tan a fondo que no queda nada sin revelar. Has visto los caminos de la codicia, los sutiles caminos de la codicia.

Pues bien, esta pregunta es uno de los caminos sutiles de la codicia: «¿Cómo abandonarla?». Ése era el problema de Pooh; creía que lo había entendido: «...pero, durante los siguientes días, cuando de repente echaba una mirada furtiva por el rabillo del ojo, ¡la miel no estaba ahí!». Tú también echa miradas furtivas por el rabillo del ojo, hasta que entiendas por completo la codicia.

«Incluso intentó volviéndose a sentar y diciendo a voz en grito, "¡no estoy buscando miel!"». Y tú dirás lo mismo. Ya has dicho muchas veces: «No busco la felicidad ni la iluminación. Osho dice que el nirvana es la última pesadilla, así que no lo busco», mientras que, furtivamente, por el rabillo del ojo, lo estás buscando. Estás esperando y dices: «¿Qué pasa? Osho ha dicho que cuando abandonas todos los deseos, sucede, ¡y todavía no ha sucedido!». Todavía no has abandonado el deseo.

Pero no puedes abandonar el deseo; insisto en ello, mi énfasis es categórico. Ha habido otros maestros que han dicho: «¡Abandónala!». Yo no digo que se abandone, porque sé que no *puedes* abandonarla. Nadie la ha abandonado jamás. Ni siquiera Buda fue capaz de abandonarla. Se cayó por sí misma un día cuando Buda la *entendió*.

Si abandonas algo, el ego se siente muy realzado: «yo lo he abandonado». ¡Y el ego es la causa fundamental del deseo! Creará una nueva codicia; encontrará nuevos caminos. Es muy ingenioso. Este ingenioso ego es lo que te impide descubrir lo que es. La realidad se está perdiendo por exceso de ingenio. Encontrará nuevos caminos; regresará por la puerta de atrás. Así que no preguntes cómo abandonarlo. Yo no estoy aquí para ayudarte a abandonarlo, estoy aquí para ayudarte a entenderlo. Todavía no has hecho tus deberes. Hazlos, no tengas prisa en abandonarlo. Simplemente mira, observa.

Fíjate en las pequeñas cosas de la vida. Vas caminando por la calle y un automóvil pasa por tu lado. Simplemente, obsérvate: ha surgido una codicia. En cuanto has dicho que el automóvil es bonito, ha surgido una codicia especial de poseerlo. Una mujer hermosa pasa a tu lado, o un hombre y, de repente, aparece el deseo de poseer a la persona.

En cuanto ves algo, por ejemplo un niño hermoso, surge un gran deseo: deberías tener un niño como éste. De hecho, si observas detenidamente tu deseo, descubrirás que ha surgido en ti el deseo del embarazo. Está en la capa más profunda. En la superficie, simplemente dices: «Qué niño tan guapo. Me gustaría tener un niño como éste». En la superficie es muy sencillo, sólo se trata de un elogio a un niño, pero en el fondo han ocurrido muchas cosas.

En las pequeñas cosas de la vida... estás comiendo, sabes que tu apetito ya está satisfecho pero sigues comiendo. Observa, la gula está ahí. Ya no estás comiendo por hambre; estás comiendo por gula. Un día, en meditación, ocurre algo hermoso: una brisa llega a tu ser, de repente hay luz, de repente hay una fragancia que te subyuga y luego desaparece. Ahora, quieres que ocurra todos los días en todas las meditaciones. Ahora te sientes frustrado, y cuanto más frustrado te sientas, menos posibilidades hay. Ahora, esa ventana nunca se volverá a abrir. Y como no se abre, lo añoras muchísimo. Entonces te empiezas a sentir muy desdichado: «¿Por qué no está ocurriendo?». He observado a muchísimos meditadores, a miles cuando, por primera vez, la meditación es realmente profunda y luego ese destello desaparece inmediatamente, durante meses. Y entonces vienen a mí, diciendo: «¿Qué está pasando? He visto algo, algo inmensamente hermoso. ¿Por qué ha desaparecido? ¿Qué he hecho mal?». No has hecho nada mal, pero te has vuelto codicioso. Cuando ocurrió por primera vez no lo codiciabas, porque todavía no lo conocías. ¿Cómo ibas a codiciarlo? Era desconocido; salió de la nada. Simplemente, vino y te tomó por sorpresa. Ahora, fíjate. Vino cuando no lo demandabas; no lo conocías, así que no podías demandarlo. Vino por sí solo. Ahora, lo estás demandando. Ahora, estás demandando algo que vino sin que lo pidieras. Tú eres quien está creando todo el problema; ha entrado la codicia.

Algunas veces ha habido personas que han llegado muy cerca del *satori*, cerquísima, y al final se han extraviado por la codicia.

Así que, observa. Cuando comas, observa. Por la mañana, sabes que tu tiempo de dormir se ha acabado, pero todavía quieres darte la vuelta y dormir un poco más. Eso es codicia. Si tu cuerpo está fresco, te sientes bien y el cansancio ha desaparecido, entonces observa. Está en todas partes: comiendo, durmiendo, meditando.

Un día hiciste el amor con tu mujer o con tu hombre y fue algo extático. Desde entonces, empiezas a añorarlo, empiezas a querer repetirlo, pero ese éxtasis nunca se vuelve a dar. Te sientes desdichado. No sabes lo que ha pasado, ¿qué ha ido mal? «¿Por qué no estoy alcanzando la cima?» Nunca la volverás a alcanzar, porque la estás buscando.

Ésta es una ley fundamental. Las cosas ocurren, y ocurren como ellas quieren; tú no puedes manejarlas. Tú no puedes manejar las cosas grandes; te sobrepasan. Como mucho, puedes dejar que ocurran. Como mucho, puedes dejar tus puertas abiertas para que puedan ocurrir, pero no puedes forzar que ocurran.

Si las fuerzas, no ocurre nada. Entonces, por mucho que hagas el amor con tu pareja, no ocurrirá nada; de hecho, todo el asunto empezará a incomodarte. Empezarás a odiar a la mujer, empezarás a odiar al hombre. Creerás que el otro te está engañando y empezarás a buscar a otra mujer, a otro hombre, intentando buscarlo en otro lugar. «Aquí ya no está ocurriendo.» Y empezarás a dudar si realmente ocurrió o sólo te lo imaginaste. «¿Cómo es posible que haya ocurrido con esta mujer? Ahora no está ocurriendo.» Tendrás dudas incluso de la experiencia que tuviste.

La gente acude a mí y me dice: «Desde hace meses no ocurre nada en la meditación», y dicen que ahora tienen dudas. ¿Se lo habrán imaginado la primera vez? En absoluto ocurrió. Pero ahora *quieren* que ocurra y están imaginando y están creando una idea a su alrededor.

Entonces, ¿qué es lo que hay que hacer? Tienes que observar todos los caminos de la mente. Codicia, deseo, ambición, envidia, posesividad, dominación, tienes que observarlo todo. Y recuerda, todos están interconectados. Si desaparece la codicia, desaparecerá la ira. Si desaparece la ira, desaparecerá la envidia. Si desaparece la envidia, desaparecerá la violencia. Si desaparece la violencia, desaparecerá la posesividad. Todas esas cosas están entrelazadas. De hecho, son radios de la misma rueda, y el eje que los sujeta a todos es el ego. Así que observa los caminos del ego.

Observando, observando, observando... un día, de repente, ha desaparecido. Sólo queda el observador. Ese momento de pura observación es el momento de la transformación.

¿Qué es la codicia?

La codicia es un intento de llenarte con algo; puede ser sexo, puede ser comida, puede ser dinero, puede ser poder. Es el miedo al vacío interior. Uno tiene miedo de estar vacío y quiere poseer más y más cosas. Uno quiere irse llenando de cosas para poder olvidar su vacío.

Pero olvidar el vacío de uno es olvidar el verdadero yo. Olvidar el vacío es olvidar el camino a Dios. Olvidar el vacío de uno es el acto más estúpido que un hombre puede realizar.

Pero, ¿por qué quiere olvidar la gente? Tenemos la idea, tomada de otros, de que el vacío es la muerte. ¡No es así! Esa es una falsa noción perpetuada por la sociedad. La sociedad tiene mucho interés en esta idea porque, si la gente no fuese codiciosa, esta sociedad no podría existir. Si la gente no fuese codiciosa, ¿quién iba a ir tras el dinero como un loco, tras el poder? Entonces, toda la estructura de esta sociedad orientada al poder colapsaría. Si la gente no fuese codiciosa, ¿quién apodaría a Alejandro «Magno»? Alejandro sería apodado «el ridículo», no «Magno».

¿Quién iba a considerar respetable a la gente que se dedicase a poseer más y más cosas? ¿Quién los respetaría? ¡Serían el hazmerreír! Están locos, están desperdiciando sus vidas. ¿Quién iba a respetar a los primeros ministros y presidentes de los países? La gente pensaría que son neuróticos.

Y cuando la gente como Adolf Hitler, Mussolini y Churchill sea considerada neurótica, cuando nadie les preste atención, el mundo será realmente hermoso. Toda la estructura política caerá, porque el político sólo existe para recibir más y más atención. El político es un niño, no ha crecido. Quiere que todo el mundo esté a su disposición, quiere que todo el mundo lo mire hacia arriba, quiere que todo el mundo sea atento y le preste atención.

La atención nos intoxica; es la mayor droga del mundo. Imagínate cruzando toda la ciudad sin que nadie te preste atención, sin que te ladre un perro; que todo el mundo te ignore, hasta los perros; ¡como si nadie te viera, como si no existieras! ¿Cómo te sentirías? Te sentirías fatal.

Que nadie te dijera: «Hola, buenos días. ¿Adónde vas? ¿Cómo estás?».
Que la gente ni siquiera te mirara. Si te volvieras invisible y te dieras una
vuelta por ahí, sin que nadie pudiera verte, ni mirarte, ni te saludara, si
nadie te prestara atención, ¿cómo te sentirías? Te sentirías como una
no-entidad, un nadie, reducido a la nada. Sería algo parecido a la muerte.

De ahí que la gente demande más y más atención. Si no puedes
conseguir atención siendo famoso, al menos la podrás conseguir siendo
notorio. Si no puedes conseguir atención siendo un santo, podrás con-
seguirla siendo un asesino.

Los psicólogos afirman que hay muchos asesinos que matan únicamente para atraer la atención. Cuando asesinan, sus fotos aparecen
en la portada de los periódicos. Con sus nombres en letras grandes.
Salen por la televisión. Por la radio, por todas partes; se convierten en
alguien. Al menos durante unos días, pueden disfrutar de ser famosos;
el mundo sabe de ellos, ya no son no-entidades.

Imagínate un mundo en el que la gente no fuese codiciosa; los
ricos serían considerados neuróticos. La gente que estuviese constantemente deseando atención sería considerada retrasada. Si la
gente no fuese codiciosa, tendríamos un mundo completamente
diferente, más hermoso. Ciertamente habría menos posesiones, pero
más dicha, más danza, más amor. Quizá la gente no tendría tantos
aparatos en sus casas, pero estaría más viva. En la actualidad, vende-
mos la energía de nuestras vidas a cambio de aparatos. Los aparatos
se van acumulando y el alma va desapareciendo; las máquinas van
creciendo y el hombre va desapareciendo.

Cuando el mundo no sea codicioso, la gente tocará la guitarra, la
flauta. La gente podrá sentarse en silencio bajo los árboles, meditando.
Sí, la gente seguirá haciendo cosas pero sólo las estrictamente necesarias. La gente se dedicará a satisfacer sus necesidades, pero las necesidades y los deseos son cosas diferentes; las necesidades son necesarias
y los deseos son innecesarios. Además, los deseos no tienen fin. Las
necesidades son sencillas y pueden ser satisfechas, pero los deseos no
dejan de pedir más y más. Siguen deseando más de lo que ya tienes.
Si tienes un automóvil, el deseo te dice que tengas dos; hasta que no

tienes un garaje con dos coches, no eres nadie. Si tienes una casa, el deseo te dice que tengas dos, por lo menos otra en el campo. Y cuando tienes dos, el deseo dice que tengas tres, una en el campo y otra en la playa, y así sucesivamente.

Un día que Paddy estaba cavando en su jardín, vio una pequeña criatura a sus pies. Levantó la pala para matarla, pero, para su sorpresa, empezó a hablar:

—Paddy, soy un duende. Si me perdonas la vida, te concederé tres deseos.

—¿Tres deseos? ¡Hecho! —dijo Paddy, y se puso a pensar—: Bueno, todo este trabajo de cavar me ha dado sed. Me gustaría tener una botella de cerveza fría.

El duende chasqueó los dedos y, en la mano de Paddy, apareció una botella de cerveza.

—Esta botella —dijo el duende—, es mágica. No se vaciará nunca, siempre estará llena.

Paddy tomó un trago.

—Espléndido. ¿Cuáles son tus otros dos deseos, Paddy? —le preguntó el duende.

Paddy pensó: «Creo que quiero dos más de éstas, por favor».

Es algo que no tiene ninguna utilidad, pero así es como funciona... Tienes un millón de dólares, ya tienes más de lo que puedes gastar, pero sigues queriendo más, y eso nunca tiene fin. Las necesidades son pequeñas: necesitas comida, cobijo, necesitas unas pocas cosas. Las necesidades de todo el mundo pueden ser cubiertas; en el mundo hay lo suficiente para cubrir las necesidades de todos; pero los deseos... es imposible. Los deseos no pueden ser cumplidos. Pero como todo el mundo se dedica a cumplir sus deseos, hay millones de personas cuyas necesidades no son cubiertas.

La codicia es, básicamente, un problema espiritual. Te han enseñado que si no tienes muchas cosas no eres nadie y, además, tienes miedo.

Así pues, la gente se atiborra. Eso no sirve de nada; como mucho te proporcionará un alivio momentáneo, pero tarde o temprano empezarás a sentir de nuevo el vacío. Entonces, lo volverás a llenar.

Y el vacío interior es la puerta a Dios. Pero te han dicho que la mente vacía es la mente del diablo o el taller del diablo, lo cual es una solemne tontería que se le ha dicho a la gente. La mente vacía es la puerta a Dios. ¿Cómo va a ser la mente vacía el taller del diablo? Es precisamente con la mente vacía que el diablo muere por completo. Diablo significa mente, mente vacía significa no-mente.

Y la codicia es uno de los principales problemas que hay que afrontar. Tienes que ver por qué eres codicioso: porque quieres mantenerte ocupado con las cosas. Poseyendo más y más te mantienes ocupado. Puedes olvidarte por completo de tu mundo interior, puedes decirle: «¡Espera! Deja que tenga un poco más, después me centraré en ti».

Pero la muerte siempre llega antes de que se lleguen a cumplir tus deseos. Aunque vivieras mil años, tus deseos no llegarían a cumplirse.

En la India se cuenta una historia muy hermosa:

Un gran rey, Yayati, se estaba muriendo. La muerte vino... Se trata de una historia muy antigua; y en aquellos tiempos, los reyes eran sencillos y el otro mundo no estaba demasiado lejos. La muerte vino y llamó a la puerta. Yayati abrió la puerta y dijo: «¿Cómo es posible? Tan sólo he vivido cien años, y ya estás aquí, ¡y sin avisar! Al menos, se debería avisar con algún tiempo. Todavía no he realizado mis verdaderos deseos. Siempre lo he pospuesto: mañana, mañana, mañana; y ahora estás aquí, y no habrá un mañana. ¡Esto es cruel! ¡Sé amable!».

La muerte le dijo: «Tengo que llevarme a alguien, no puedo volver con las manos vacías. Pero viendo tu desdicha, tu vejez, te concederé cien años más. Pero uno de tus hijos tiene que venir conmigo».

Yayati tenía cien hijos —tenía cien esposas—, así que dijo: «¡No habrá ningún problema!». No era tan sencillo como pensaba. Llamó a sus cien hijos y le pidió a uno de ellos que se fuera con la muerte. «¡Salva la vida de tu anciano padre! Todos ustedes han dicho muchas veces: "Padre, daría mi vida por ti". ¡Ahora es el momento de demostrarlo!».

Pero sólo son cosas que se dicen; cortesía vacía. Los hijos empezaron a mirarse unos a otros. Su hijo mayor tenía setenta y cinco años y el más joven tenía veinte. Algunos de ellos también eran ya bastante viejos.

El hijo más joven se levantó y dijo: «Yo estoy dispuesto a ir». ¡Nadie se lo podía creer! Sus noventa y nueve hermanos no se lo podían creer; pensaron que era un insensato. Y todavía no había vivido, en absoluto. Sólo tenía veinte años, justo al umbral del comienzo. Hasta la muerte sintió compasión.

La muerte se llevó al joven aparte, y le susurró al oído: «¿Eres estúpido? Tus hermanos mayores no se han ofrecido, y ellos han vivido más tiempo. Algunos han vivido más de setenta años, y no se han ofrecido. ¿Y tú estás dispuesto? Tu padre no quiere morir. Él tiene cien años, y tú sólo veinte».

El joven dijo algo muy hermoso, algo muy importante. Dijo: «Viendo que mi padre, que ha vivido cien años teniendo todo lo que uno puede tener, aún no está satisfecho, me doy cuenta de la futilidad de la vida. ¿De qué sirve? Aunque viviera cien años, la situación seguiría siendo la misma. Y si sólo hubiese sido mi padre, podría pensar que, quizá, él fuese una excepción. Pero mis hermanos, con setenta y cinco, setenta, sesenta y cinco años, han vivido bastante. Han disfrutado de todo tipo de cosas; ¿qué más les queda por disfrutar? Se están haciendo viejos y siguen sin estar satisfechos. Así que, una cosa ha quedado clara: ésa no es la forma de conseguir la satisfacción. Por lo tanto, estoy dispuesto, me voy contigo, no por desesperación sino en una inmensa comprensión. Me voy contigo con gran alegría por no haber tenido que pasar por esa tortura, estos cien años de tortura que mi padre ha tenido que sufrir. Y aun así, ha sido incapaz de irse contigo».

Y la historia prosigue. Volvieron a pasar otros cien años; vinieron y se marcharon, sin que se dieran cuenta. De nuevo, la muerte volvió a llamar. Sólo cuando vio que la muerte estaba llamando, Yayati se dio cuenta de que habían pasado los cien años. Y volvió a decir: «¡Aún no estoy preparado!». Y volvió a ocurrir lo mismo una y otra vez, y cada vez un hijo se iba con la muerte, hasta que Yayati alcanzó los mil años. En realidad, se trata de una historia simbólica. Mil años después, la muerte volvió y le preguntó: «¿Qué piensas ahora?».

Yayati contestó: «Vayamos. ¡Ya está bien! He comprendido que aquí no se puede cumplir nada. Los deseos van aumentando; por cada deseo que cumples surgen diez más. Es un proceso hasta el infinito. Ahora voy voluntariamente, y ahora sé que el primero de mis hijos, que se fue contigo cuando sólo tenía veinte años, fue inteligente. Yo fui estúpido. He necesitado mil años para ver lo que él fue capaz de ver en sólo veinte años. ¡Eso es inteligencia!».

Si eres inteligente, te darás cuenta de la futilidad de la codicia. Si eres inteligente, en lugar de prepararte para vivir, empezarás a vivir. La codicia es prepararse para vivir. Y puedes seguir preparándote, y la hora de partir nunca llegará. Si eres inteligente, no te perderás el hoy por el mañana. No sacrificarás este momento por otro momento; vivirás este momento en su plenitud. Exprimirás hasta la última gota de este momento.

Jesús dijo a sus discípulos: «No piensen en el mañana». Lo que está diciendo es: «No sean codiciosos», porque cuando piensas en el mañana te vuelves codicioso. Quien piensa en el mañana es la codicia. Jesús dice a sus discípulos: «Fíjense en las lilas del campo. ¿Cuál es su secreto? Su secreto es sencillo: que no piensan en el mañana, que viven en el momento. Este momento lo es todo. No hay nada por delante y nada por detrás. Disfrutan este momento con todo su ser».

Codicia significa posponer para mañana.

Intenta ver tu codicia. Puede tomar muchas formas: puede ser mundana, puede ser espiritual. ¡Estate atento! Toma la forma de: «Esta vida no merece la pena ser vivida, así que me prepararé para otra vida. En esta tierra no merece la pena vivir, me prepararé para el paraíso». ¡Pero eso es codicia!

El 99 por ciento de los que llamas santos son personas codiciosas, mucho más codiciosas que los que viven en el mercado. La codicia de la gente que vive en el mercado no es tan grande, su codicia es muy corriente. Quieren más dinero; eso es muy corriente. Vuestros santos, vuestros mahatmas dicen: «Esto es temporal. Nosotros queremos algo permanente, algo eterno. Sacrificaremos lo temporal por lo eterno». Tienen una gran motivación; por el rabillo del ojo, están esperando el paraíso. Allí disfrutarán, y presumirán ante los insensatos que iban tan deprisa en el mercado: «Miren, ya se los habíamos dicho, les habíamos avisado. Ahora tienen que sufrir en el infierno mientras que nosotros disfrutamos de todas las dichas celestiales». Y eso es codicia, y donde hay codicia no hay paraíso. La codicia es el infierno; ya sea mundana o espiritual.

Date cuenta de la estupidez de la codicia. Yo no estoy diciendo «renuncia». Pon atención a mis palabras, estoy diciendo que te des cuenta de la estupidez de la codicia. En cuanto te das cuenta, desaparece, y tu energía es libre. Tu conciencia deja de estar enredada, atrapada por las cosas: el dinero, el poder, el prestigio. Tu conciencia es libre. Y la libertad de conciencia es la mayor de las dichas.

dos

NI AQUÍ NI ALLÍ

Todo deseo nace del pasado, y todo deseo es proyectado al futuro. El pasado y el futuro constituyen toda tu mente. Analiza la mente, disecciónala; sólo encontrarás dos cosas: el pasado y el futuro. No encontraras ni un ápice del presente, ni tan siquiera un átomo. Y el presente es la única realidad, la única existencia, la única danza que existe.

■ **¿Por qué siempre estoy soñando despierto con el futuro?**

Todo el mundo está haciendo eso. La mente humana como tal es la facultad de soñar despierto. A no ser que sobrepases la mente, seguirás soñando despierto. La mente no puede existir en el presente, sólo puede existir en el pasado o en el futuro. La mente no tiene forma de existir en el presente. Estar en el presente es estar sin mente.

¡Inténtalo! Cuando hay un momento en silencio en el que ningún pensamiento está cruzando tu ser, tu conciencia, cuando la pantalla de la conciencia está absolutamente despejada, entonces, de repente, estás en el presente. Ése es el momento, el verdadero momento, el momento de realidad, el momento de verdad. Pero entonces no hay ni pasado ni futuro.

Normalmente, el tiempo se divide en tres partes: pasado, presente y futuro. Esa división es básicamente errónea, no científica... porque el presente no forma parte del tiempo. Sólo el pasado y el futuro forman parte del tiempo. El presente está más allá del tiempo. Presente es eternidad.

Pasado y futuro forman parte del tiempo. Pasado es aquello que ya no existe, y futuro es aquello que todavía no existe. Ambos son no-existenciales. Presente es aquello que existe. Lo existencial no puede formar parte de lo no-existencial. Nunca se encuentran, sus caminos nunca se cruzan. Y el tiempo es mente; tu mente es el pasado acumulado.

¿Qué es tu mente? Analízalo, obsérvalo. ¿Qué es? No es nada más que tus experiencias pasadas apiladas, acumuladas. Tu mente sólo es un término general que simplemente mantiene, se aferra a todo tu pasado. Sólo es eso. Si poco a poco sacas tu pasado de la bolsa, la bolsa desaparecerá.

Si la única realidad para la mente es el pasado, ¿qué puede hacer la mente? Una posibilidad es que se dedique a masticar, a rumiar el pasado una y otra vez. Eso es lo que tú llamas memoria, recuerdo, nostalgia. Vuelves atrás una y otra vez; regresas una y otra vez a momentos pasados, a momentos hermosos, momentos felices. Son pocos y muy distantes, pero te aferras a ellos. Y evitas los momentos malos, los momentos infelices.

Pero no puedes seguir haciendo eso porque es un ejercicio fútil; es una actividad que parece carecer de importancia. Así, la mente crea una actividad «importante». Ahí es donde entra el soñar despierto con el futuro.

La mente dice: «Vale, el pasado es bueno, pero ya ha pasado; no se puede hacer nada al respecto. Pero respecto al futuro sí se puede hacer algo porque todavía no ha llegado». Así pues, eliges entre tus pasadas experiencias aquellas que te gustaría que se volviesen a repetir, y desechas las desdichadas, las dolorosas: aquellas experiencias que no quieres volver a repetir en el futuro. Tus sueños sobre el futuro no son más que tu pasado modificado, mejorado, más adornado, menos doloroso, más placentero. Eso es lo que tu mente se dedica a hacer, y mientras, te estás perdiendo la realidad.

Meditación simplemente define los pocos momentos en los que no estás en la mente, los pocos momentos en los que te escapas de la mente. Te escapas a la realidad, a lo que es. Estos momentos existenciales son tan inmensamente extáticos que cuando los hayas saboreado dejarás de soñar despierto.

El soñar despierto continuará a no ser que empieces a saborear la meditación. A no ser que te nutras de meditación, seguirás hambriento y anhelando algo de alimento en el futuro. Y sabes que el futuro no lo traerá, porque hace sólo un día hoy era el futuro. Ayer, hoy era el futuro, y soñabas despierto sobre él. Ahora está aquí. ¿Qué está ocurriendo? ¿Eres feliz? Y ayer también estuvo una vez en el futuro. Todo el pasado formaba parte del futuro en cierto modo, y se ha ido deslizando, y el futuro también se deslizará. Soñando despierto, te estás engañando a ti mismo.

Hazte un poco más consciente e intenta ir llevando tu conciencia cada vez más hacia la realidad de la existencia. Ve *esta* flor, no pienses en *aquella* flor. Escucha *esta* palabra que estoy pronunciando, no *aquella* palabra que voy a pronunciar. Mira ahora mismo. Si pospones, aunque sólo sea por un momento, por un instante, te lo pierdes. Y luego eso se convierte en un hábito. También te perderás mañana, y pasado mañana, porque tú seguirás igual. Incluso peor, porque tu hábito de soñar despierto se habrá fortalecido.

La otra noche leía una hermosa fábula japonesa. Era una de esas fábulas que existen en todas las literaturas del mundo, del mismo estilo. Es una hermosa fábula, pon atención.

Había una vez un hombre que se dedicaba a extraer piedras de las rocas. Era una tarea muy ardua, y trabajaba mucho por un sueldo insignificante, así que estaba descontento.

¿Quién está contento? Si ni siquiera los emperadores están contentos, ¿cómo iba a estarlo un cantero con un trabajo tan duro y una paga tan ínfima?

Suspiró, cansado por el duro trabajo, y gritó: «Oh, cómo me gustaría ser rico para poder descansar sobre un sofá tapizado en seda». En ese momento, bajó un ángel del cielo, y le dijo: «Eres lo que has dicho».

Y esto ocurre realmente, no sólo en parábolas y fábulas; ocurre en la vida real. Lo que pienses de ti mismo, sea lo que sea, empieza a ocurrir. Tú creas tu mundo con tu pensamiento, creas tu mundo con tu deseo. Si insistes en algo, empieza a ocurrir. La realidad coopera contigo. Ella sigue esperando que tú cooperes con ella en algún momento, algún día. Mientras tanto, ella sigue cooperando contigo.

Y el ángel dijo: «Eres lo que has dicho». Y era rico, y descansaba en un sofá tapizado en seda.

Un día, el rey del país pasó por allí con una escolta de caballería que custodiaba su carruaje por delante y por detrás, y que portaba un gran parasol dorado que sostenían sobre la cabeza del rey.

Cuando el hombre rico lo vio, se enojó porque sobre su cabeza no había ningún parasol, estaba descontento. Suspiró y grito: «Me gustaría ser rey». Y el ángel volvió a bajar y a decirle: «Eres lo que has dicho».

Y era rey y muchos jinetes cabalgaban custodiando su carruaje por delante y por detrás y sostenían un gran parasol dorado sobre su cabeza, pero el sol brillaba con fuerza, sus ardientes rayos abrasaban la tierra y los brotes de hierba se marchitaban. Y el rey se quejó de que el sol le quemaba la cara y que le superaba en poder, estaba descontento. Suspiró y gritó: «Me gustaría ser el sol». Y el ángel volvió a bajar y a decirle: «Eres lo que has dicho».

Y era el sol y dirigía sus rayos hacia arriba y hacia abajo, a la derecha y a la izquierda, a todas partes, y abrasaba los brotes de hierba en la tierra y los rostros de los reyes que había en ella.

Pero una nube se colocó entre él y la tierra, y los rayos del sol rebotaban en ella y se enfureció porque se resistía a su poder. Se quejó de que las nubes le superaban en poder, estaba descontento. Deseó ser la nube, que era tan poderosa, y el ángel volvió a bajar y a decirle: «Eres lo que has dicho».

Y se convirtió en una nube y se colocó entre el sol y la tierra y tapó los rayos para que la hierba creciera verde. La nube llovió a cántaros sobre la tierra causando riadas y desbordamientos de ríos que se llevaban las casas; las inundaciones destruyeron los campos. Cayó sobre una roca que no se rindió, se estrelló contra ella causando fuertes corrientes, pero la roca no se rindió. Entonces se enfureció porque la roca no sucumbía a su poder, la fuerza de su corriente era inútil, estaba descontento.

Gritó: «A esa piedra se le ha dado un poder que supera el mío. Me gustaría ser la roca». Y el ángel volvió a bajar, y era la roca, se convirtió en la roca, y no se inmutó ni cuando brilló el sol ni cuando llovió.

Y entonces vino un hombre con un pico, una broca y un mazo, que extraía piedras de la roca, y la roca dijo: «¿Cómo es posible que este hombre tenga un poder que supera el mío y sea capaz de extraer piedras de mi regazo?». Estaba descontento.

Gritó: «Soy más débil que él. Me gustaría ser ese hombre». Y el ángel volvió a bajar del cielo y a decirle: «Eres lo que has dicho».

Y volvió a ser un cantero. Y extraía piedras de la roca a base de duro esfuerzo, y trabajaba mucho por un sueldo ínfimo, pero estaba contento.

Yo no estoy de acuerdo con la conclusión. Es en lo único de esta fábula con lo que no estoy de acuerdo; no obstante, la historia es hermosa. No estoy de acuerdo con la conclusión porque conozco a la gente; no se les puede contentar tan fácilmente. La rueda es completa. La historia, en cierto sentido, ha llegado a su final natural, pero las historias verdaderas de la vida no llegan a ningún final natural. La rueda empieza a girar de nuevo.

Por eso en la India a la vida la llamamos «la rueda». Sigue girando, sigue repitiéndose a sí misma.

Tal como yo lo veo, a no ser que el cantero se convirtiera en un buda, la historia debería haberse vuelto a repetir. De nuevo, volvería a estar descontento y, de nuevo, desearía un hermoso sofá tapizado en seda y, de nuevo, volvería a empezar la misma historia. Si este cantero estaba realmente contento, es porque habría saltado de la rueda de la vida y la muerte. Se habría convertido en un buda.

Esto es lo que le ocurre a toda mente. Si anhelas algo, acabará ocurriendo, pero cuando haya ocurrido, verás que todavía sigues descontento. Entonces, será otra cosa lo que te cause desdicha.

Esto es algo que hay que entender, si tu deseo no se cumple, te sentirás frustrado; y si se cumple, tampoco te sentirás satisfecho. Ésa es la miseria del deseo.

Aunque se cumpla, tú sigues sin estar satisfecho. De repente, surgen muchas otras cosas.

Nunca se te había ocurrido pensar que aunque seas rey y lleves escolta de caballería por delante y por detrás y lleves sobre la cabeza un gran parasol dorado, el sol puede calentar tanto que puede abrasarte la cara. Nunca se te había ocurrido. Luego, soñaste en convertirte en el sol y te convertiste en el sol, pero nunca se te había ocurrido pensar en la nube. Luego, aparece la nube, haciendo patente tu impotencia. Y así una y otra y otra vez, como las olas en el mar... interminablemente, a no ser que entiendas y, simplemente, saltes de la rueda.

La vida es aquí, la vida es ahora. El paraíso es aquí y Dios es ahora. Si lo estás buscando mientras sueñas despierto, tu búsqueda es en vano, porque el paraíso no es otra cosa que profunda complacencia.

La mente se dedica a decirte: «Haz esto, sé aquello. Posee esto, posee aquello... porque, ¿cómo vas a ser feliz si no posees esto? Tienes que poseer un palacio, entonces, podrás ser feliz». Si tu felicidad tiene una condición, seguirás siendo infeliz. Si no puedes ser feliz tal como eres, como cantero... sé que el trabajo es arduo, el salario bajo, y que la vida es una lucha, lo sé, pero si no puedes ser feliz tal como eres, a pesar de todo, no lo serás nunca.

A no ser que seas feliz, simplemente feliz, sin ninguna razón, o que estés lo bastante loco como para ser feliz sin ninguna razón, no serás feliz nunca. Siempre encontrarás algo que arruine tu felicidad. Siempre te parecerá que falta algo, añorarás algo. Y aquello que falte, de nuevo, se convertirá en tu soñar despierto.

No se puede alcanzar un estado en el que se disponga de todo, absolutamente todo. Y aunque fuese posible, tampoco serías feliz. Simplemente, observa el mecanismo de la mente, si dispusieses de todo como tú quisieras, de repente, te embargaría el aburrimiento. ¿Qué harías entonces?

He oído —y creo que es fiable— que la gente que ha llegado al cielo está aburrida. Procede de fuentes muy fiables, puedes creértelo. Están sentados bajo su árbol cumple-deseos totalmente aburridos. Porque en cuanto dicen algo, aparece un ángel y cumple su deseo inmediatamente. No hay espacio entre el deseo y su cumplimiento. Quieren una mujer hermosa, una Cleopatra, y ahí está. Pero claro, ¿qué hacer entonces con una Cleopatra? No tiene sentido, así que se aburren.

Entre las fábulas indias hay muchas que hablan de *devas* que se aburrían tanto en el cielo que empezaron a anhelar la tierra. En el cielo lo tienen todo, y cuando estaban en la tierra lo deseaban fervientemente. Puede que hayan sido grandes ascetas, puede que hayan renunciado al mundo, a las mujeres, a todo, para alcanzar el cielo. Y cuando por fin han alcanzado el cielo, añoran el mundo.

He oído:

El piloto de un nuevo jet volaba sobre los Catskills y señaló un plácido valle a su copiloto. «¿Ves ese punto?» —le preguntó—. Ahí abajo, cuando era un niño e iba descalzo, solía sentarme a pescar en una barca de remos. Cada vez que pasaba un avión, yo miraba hacia arriba y soñaba que lo estaba pilotando. Ahora, miro abajo y sueño que estoy pescando.»

Ahora se ha convertido en piloto. Antes era un niño pobre, pescando y mientras pescaba, los aviones rugían por el cielo y él miraba hacia arriba y soñaba que «un día, Dios lo quiera, seré piloto». La emoción del cielo abierto, el viento, la inmensidad... Debe haber soñado, y debe haberse sentido muy desdichado; un niño pobre, pescando en una vulgar barca de remos.

Pero ahora, le dice a su copiloto: «Ahora miro abajo y sueño que estoy pescando». El pequeño y hermoso lago en el fondo del valle, rodeado de hermosos árboles, el canto de los pájaros y la meditativa relajación de pescar... Ahora debe estar soñando con la jubilación, preguntándose cómo dejar de pilotar.

Y así, una y otra vez. Si no eres famoso, quieres serlo. Te sientes contrariado porque la gente no te conoce. Pasas por la calle y nadie te mira, nadie te reconoce. Te sientes como una no-entidad.

Entonces, trabajas duro para hacerte famoso y un día lo consigues. Ya no puedes ir por la calle, todo el mundo te mira. Careces de toda libertad. Ahora, tienes que quedarte encerrado en tu habitación, no puedes salir, estás preso. Ahora, empiezas a añorar los maravillosos tiempos cuando solías caminar por la calle y eras tan libre... como si estuvieras solo. Ahora, añoras esos días. Pregúntale a los famosos...

Voltaire escribe en sus memorias que hubo un tiempo en que no era famoso, como todo el mundo hasta que se hace famoso, y deseó y deseó y trabajó duro, y acabó siendo uno de los hombres más famosos de Francia. Su fama llegó a tal extremo que salir de su habitación era arriesgado para él, porque en aquellos tiempos de superstición la gente quería conseguir un trozo de las prendas de un gran hombre, porque creía que tenía un enorme valor, valor de protección. Te protegía de los fantasmas, de accidentes graves y cosas por el estilo.

Así pues, si tenía que ir a algún sitio, tenía que ir con escolta. De no ser así, la gente le arrancaría la ropa. No sólo eso, le arañarían la piel, y llegaría a casa sangrando y magullado. Acabó tan harto de su fama —no podía ni salir de casa; la gente era como lobos dispuestos a lanzarse sobre él— que empezó a rogarle a Dios: «¡Acaba con esto! Ya lo he conocido y no lo quiero. Me he convertido casi en cadáver». Y entonces, ocurrió. Bajó el ángel, debió bajar, y dijo: «De acuerdo». Y, poco a poco, su fama fue desapareciendo.

La gente cambia de opinión con mucha facilidad; no tiene la más mínima integridad. Como la moda, las cosas cambian. Puedes ser adorado un día, y al día siguiente convertirte en el hombre con la peor reputación. Un día estás en la cima de la fama, y al día siguiente puede que la gente se olvide por completo de ti. Un día eres el presidente, y al día siguiente sólo eres el ciudadano Richard Nixon y no le importas a nadie.

En el caso de Voltaire lo que sucedió es que cambió la opinión de la gente, cambió el ambiente, y se olvidaron por completo de él.

Cuando murió, sólo hubo cuatro asistentes para darle el último adiós; tres hombres y su perro. Debió morir siendo desdichado, deseando volver a ser famoso.

¿Qué se le va hacer? Así son las cosas. La mente nunca te permitirá ser feliz. Cualquiera que sea la situación, la mente siempre encontrará algo por lo que ser infeliz. Lo diré de otra forma: la mente es un mecanismo para producir infelicidad. Su única función es producir infelicidad.

Si abandonas la mente, te vuelves feliz de repente, sin ninguna razón. La felicidad es algo tan natural como respirar. Para respirar, ni siquiera necesitas ser consciente; simplemente, sigues respirando. Consciente o inconsciente, despierto o dormido, sigues respirando. La felicidad es exactamente igual.

Por eso, en Occidente decimos que la felicidad es tu naturaleza más íntima. No requiere condiciones externas; simplemente está ahí, es tú. La felicidad es tu estado natural; no es un logro. Sólo con salirte del mecanismo de la mente, empiezas a sentirte feliz.

Por eso verás que algunos desequilibrados son más felices que los llamados cuerdos. ¿Qué les ocurre? Ellos también se salen de la mente, claro que en una dirección errónea, pero se salen de la mente. Un loco es aquel que ha caído por debajo de la mente.

Está fuera de la mente. Pero se puede ver que ciertos locos son muy felices. Podrías sentir celos, incluso podrías soñar despierto: «¿Cuándo me llegará esa felicidad?». Al loco se le condena, pero él es feliz. ¿Qué le ha ocurrido? Ya no piensa ni en el pasado ni en el futuro. Se ha salido del tiempo. Ha empezado a vivir en la eternidad.

Al místico también le ocurre lo mismo, porque él va por encima de la mente. No estoy diciendo que haya que volverse loco, lo que estoy diciendo es que entre el loco y el místico hay cierta similitud. Por eso todos los grandes místicos parecen un poco locos y todos los grandes locos se parecen un poco a los místicos.

Si observas los ojos de un loco, te parecerán muy místicos... tienen un brillo, un brillo espectral, como si se tratase de una puerta interna por la que accede al núcleo de la vida. Está relajado. Quizá no tenga nada, pero es feliz. No tiene ningún deseo, ninguna ambición. No va a ninguna parte. Simplemente, está ahí... disfrutando, deleitándose.

Es cierto, los locos y los místicos tienen algo similar. Esa similitud se debe a que ambos están fuera de la mente. El loco ha caído por debajo, el místico ha ido más allá. El místico también está loco, pero con un método; su locura tiene un método. El loco, simplemente, ha caído por debajo.

No estoy diciendo que se vuelvan locos, estoy diciendo que se vuelvan místicos. El místico es tan feliz como el loco y tan cuerdo como el cuerdo. El místico es tan razonable, o incluso más, que las consideradas personas racionales y, a la vez, tan feliz como los locos. El místico tiene la síntesis más hermosa. Es una armonía. Tiene todo aquello que una persona razonable pueda tener. Tiene ambas cosas. Es completo, está entero.

Preguntas: «¿Por qué siempre estoy soñando despierto sobre el futuro?». Estás soñando despierto con el futuro porque no has saboreado el presente. Empieza a saborear el presente. Reserva algunos momentos sólo para tu deleite. Cuando estés mirando a los árboles, sé la mirada. Cuando estés escuchando a los pájaros, sé un oído atento; deja que te lleguen hasta lo más profundo. Deja que su canto se extienda por todo tu ser. Cuando estés sentado a la orilla del mar, escucha el salvaje rugido de las olas, fúndete con ellas... porque ese salvaje rugido de las olas no tiene pasado ni futuro. Si puedes estar en armonía con él, tú también te convertirás en un rugido salvaje. Abraza a un árbol y relájate en el abrazo. Siente su forma verde entrando en tu ser. Túmbate en la arena, olvídate del mundo, sé uno con la arena, con su frescura; siente la frescura saturándote. Ve al río, nada y deja que el río nade dentro de ti. Salpica y conviértete en el salpicar.

Haz aquello que sientas que disfrutas, y disfrútalo al máximo. En esos inusuales momentos, el pasado y el futuro desaparecerán y tú estarás aquí ahora. Y ésos serán los momentos que traerán las primeras buenas noticias, el primer evangelio.

El evangelio no está en la Biblia; el evangelio está en los ríos, en el rugido salvaje del mar, en el silencio de las estrellas. Hay buenas noticias escritas por todas partes. Todo el universo es un mensaje. Decodifícalo. Aprende su idioma, el idioma del aquí y ahora.

Tú hablas el idioma del pasado y el futuro. Y si continuas hablando el idioma de la mente, nunca estarás en armonía, nunca estarás en afinidad con la existencia. Y si no has saboreado esa armonía, ¿cómo vas a dejar de soñar despierto?, porque tu vida es eso.

Es como si vieses a un infeliz cargando con una bolsa de guijarros creyendo que son diamantes, rubíes, esmeraldas, y le dijeras: «Suelta eso. No seas estúpido. Sólo son guijarros», él no te creería. Pensaría que estás intentando engañarlo. Y se aferraría a la bolsa de guijarros pensando que es lo único que tiene.

Yo no le diría a ese hombre que tiene que renunciar a su bolsa. Intentaría mostrarle verdaderos rubíes, esmeraldas, diamantes. Con una simple ojeada, tiraría la bolsa. No es que renunciara a ella, porque no habría nada a lo que renunciar; sólo son guijarros. Uno no «renuncia» a unos guijarros. Simplemente, se daría cuenta de que estaba viviendo una ilusión. Ante los verdaderos diamantes, sus guijarros languidecerían, desaparecerían. Y vaciaría la bolsa inmediatamente, sin que se lo tuvieras que decir, porque ahora tendría otra cosa con qué llenarla.

Necesitará la bolsa, el espacio. Así que, en lugar de decirte: deja de irte al futuro, deja de irte al pasado, prefiero decirte: contacta más con el presente. Cuando surge el presente con su grandeza, con su belleza, comparado con él, todo lo demás palidece. La renuncia sigue a la conciencia como su sombra.

■ **Toda mi vida me ha intrigado el poder y el reconocimiento que me puede proporcionar. Ahora, eso me parece algo frívolo y trivial. Sin embargo, también siento que existe un tipo de poder más auténtico, que no depende de los demás o de sus reacciones, más en mi interior. ¿Podrías, por favor, comentar acerca de esta atracción?**

Tu pregunta requiere un profundo escrutinio, porque puedo contestar que sí y también puedo contestar que no. Pero no contestaré que sí; el no tiene más posibilidades. Y te explicaré por qué.

Así es como la mente juega con todos ustedes. Estás diciendo: «Toda mi vida me ha intrigado el poder y el reconocimiento que me puede proporcionar». Esto es un reconocimiento verdadero, sincero. Muchas personas tienen predisposición al poder y ni siquiera se dan cuenta de ello; sus deseos de poder permanecen casi inconscientes. Aunque los demás pueden verlos, ellas mismas no los ven.

Como ya he dicho muchas veces, este deseo de poder es la mayor enfermedad que ha padecido el hombre. Y todos nuestros sistemas educativos, todas nuestras religiones, todas nuestras culturas y sociedades, apoyan plenamente esta enfermedad. Todos los padres quieren que sus hijos sean los mejores del mundo. Cuando oyes a las madres hablar sobre sus hijos, es como si todas hubiesen parido a un Alejandro Magno, a un Iván el Terrible, a un Joseph Stalin, a un Ronald Reagan... Hay miles de millones de personas precipitándose hacia el poder.

Uno tiene que entender que esta enorme necesidad de poder surge de un vacío en su interior. Un hombre sin predisposición al poder está contento, cómodo, se siente bien tal como es. Su propio ser es una inmensa gratitud a la existencia; no pide nada más. Lo que te ha sido dado, no lo has pedido. Es un puro regalo de la existencia desde su abundancia.

Hay dos caminos separados: uno es el deseo de poder; el otro es el deseo de disolverse.

Dices: «Ahora eso parece algo frívolo y trivial...». No sólo es algo frívolo y trivial, también es enfermizo y feo. Sólo con el mero pensamiento de tener poder sobre otras personas, les estás quitando su dignidad, destruyendo su individualidad, obligándoles a ser esclavos. Eso sólo puede hacerlo una mente fea.

Tu pregunta continúa: «También siento que existe un tipo de poder más auténtico, que no depende de los demás o de sus reacciones, más en mi interior». Hay algo de verdad en lo que estás diciendo, pero no es tu experiencia. Es cierto que existe un poder que no tiene nada que ver con la dominación sobre los demás. Pero el poder de una flor abriendo sus pétalos... ¿has visto ese poder, esa gloria? ¿Has visto el poder de una noche estrellada?, sin dominar a alguien. ¿Has visto el poder de la hoja más humilde danzando bajo el sol, bajo la lluvia? ¿Su belleza, su grandeza, su dicha? No tiene nada que ver con nadie más. Ni siquiera necesita alguien que lo vea.

Eso es verdadera independencia. Y te lleva a la fuente de tu ser, el lugar de donde tu vida está surgiendo a cada momento. Pero para evitar la confusión, a este poder no se le debería llamar poder.

La palabra *poder* en sí misma implica poder sobre alguien. Incluso personas de gran comprensión han sido incapaces de darse cuenta de esto. En la India existe una religión llamada jainismo... la palabra *jaina* significa «el conquistador». Sin duda, el significado original tiene que haber sido ese al que tú te estás refiriendo, el poder que surge dentro de ti como un pétalo se abre y una flor libera su fragancia. Pero yo he estudiado en profundidad la tradición del jainismo. Cuando llaman a un hombre conquistador, también dicen de él que se ha conquistado a sí mismo. *Alguien* tiene que ser conquistado.

A Mahavira, uno de sus grandes fundadores, le cambiaron el nombre; su nombre original era Vardhamana. Mahavira significa «el gran conquistador», el hombre grande, victorioso. Pero la propia idea de que

Mahavira se conquistó a sí mismo, reducida a simples términos psico-lógicos, significa que puede estar desnudo bajo la lluvia soportando el frío; que puede estar sin comer, en ayunas, durante meses y meses. En doce años de disciplina y preparación, en total comió lo que se come en un año; estuvo once años pasando hambre. No seguidos, ayunaba un mes y, después, comía un día; ayunaba dos meses y, después, comía unos cuantos días, pero en doce años, el número de veces que comió suman un total equivalente a lo que se come en un año. Estuvo tortu-rando su cuerpo durante once años.

Se necesita una gran visión para comprender que entre torturar a los demás y torturarte a ti mismo, no hay ninguna diferencia, excepto que los demás se pueden defender. Al menos, esa posibilidad existe. Pero cuando te torturas a ti mismo no hay nadie que te defienda. Pue-des hacer lo que quieras con tu propio cuerpo. Es puro y simple maso-quismo. A mi entender, eso no tiene nada que ver con encontrar la fuente de tu ser interior.

Por eso, no me gustaría que a esto lo llamáramos poder, porque esa palabra está contaminada. Me gustaría que lo llamáramos paz, amor, compasión… el nombre que tú quieras. Pero el poder ha estado en manos de gente violenta; que fuera violenta con los demás o con-sigo misma da igual. Creo que la gente violenta con los demás es más natural, y que la gente violenta consigo misma es totalmente psicótica. Pero aquellos que se han torturado a sí mismos se han convertido en sus santos. Toda su contribución al mundo ha sido un método para torturarse a uno mismo.

Ha habido santos que han dormido en una cama de espinas. Toda-vía los hay; puedes verlos en Benarés. Puede que sea un buen espectá-culo, pero es algo feo y tiene que ser condenado. Esa gente no debería ser digna de respeto. ¡Son criminales que están cometiendo un crimen contra su cuerpo, que ni siquiera puedes denunciar!

Así pues, la segunda parte ha de ser muy bien entendida; si no, tu primer deseo, estar intrigado por el poder, volverá con un disfraz dife-rente. Ahora, empezarás a dedicarte a encontrar poder sobre ti mismo. Y eso es lo que parece ser.

Dices: «... un poder no depende de los demás o sus reacciones, sino más en mi interior». Incluso la referencia a los demás y sus reacciones implica que, en realidad, tú no estás pensando de forma diferente. En primer lugar, tenías interés en que la gente te reconociera; deberías ser un hombre poderoso, un conquistador del mundo, un premio Nobel, o cualquier otra estupidez por el estilo. Pero no todo el mundo puede ser Alejandro Magno. Como tampoco todo el mundo puede ser premio Nobel, o ser mejor que los demás en algún sentido. Así pues, la situación da un giro: al encontrarte en una situación en la que eso no es posible, quizá porque haya demasiada competencia y seas derrotado porque entre los competidores haya gente mucho más grande, mucho más peligrosa que tú, así que prefieres retirarte a tu interior e intentar encontrar un poder que no tenga relación con los demás, un poder independiente de los demás. Sólo con eso tengo suficiente para concluir que ahora estás en una empresa del mismo tipo. Antes intentabas dominar a otros, ahora intentas dominarte a ti mismo. A eso, la gente lo llama «disciplina».

Recuerdo una famosa fábula de Esopo.

> Había llegado la estación de los mangos, y una zorra intentaba alcanzar los mangos maduros, pero estaban demasiado altos. Lo intentó unas cuantas veces; luego, viendo la imposibilidad, miró a su alrededor para ver si alguien la estaba observando. Un conejito había estado viendo toda la escena. La zorra se marchaba intentando disimular su sensación de derrota, pero el conejo le preguntó: «¿Qué ha pasado, señora zorra?». Y la zorra le contestó: «Hijo mío, esos mangos todavía están verdes».

Si cambias tu deseo de poder, no debería ser como en la fábula de Esopo. Primero, deberías entender de dónde ha surgido el deseo de poder. Ha surgido de tu vacío, de tu sensación de inferioridad. El único modo correcto de liberarse de este feo deseo de dominar es entrar en tu vacío y ver qué es exactamente. Has estado huyendo de ello por medio de tus juegos de poder. Ahora, deja de poner toda tu energía en torturarte a ti mismo, en crear alguna disciplina de masoquismo, y, simplemente, entra en tu nada: ¿qué es?

Y allí, en tu nada, florecen rosas. Allí encuentras la fuente de la vida eterna. Dejas de estar en las garras de un complejo de inferioridad y no hay ninguna referencia a los demás.

Te has encontrado a ti mismo.

Los que se sienten intrigados por el poder, se van alejando cada vez más de ellos mismos. Cuanto más se alejan de su mente, más vacíos están. Pero las palabras como «vacío» y «nada» han sido condenadas, y tú has asumido la idea. En lugar de explorar las bellezas de la nada...

Es silencio total. Es música insonora. No hay dicha que se pueda comparar con ello. Es pura bendición.

Por esta experiencia, Gautama Buda llamó a su supremo encuentro consigo mismo «nirvana». Nirvana significa «nada». Y cuando estás cómodo con tu nada, desaparecen todas las tensiones, conflictos, preocupaciones. Has encontrado la fuente de vida que no conoce la muerte.

Quisiera insistir en recordarte: no lo llames poder. Llámalo amor, llámalo silencio, llámalo bendición, porque ese «poder» ha sido tan contaminado por el pasado que hasta la palabra necesita una profunda purificación. Porque tiene connotaciones erróneas.

Este mundo está dominado por personas, básicamente inferiores, que están intentando tapar su inferioridad con algún tipo de poder, cualquier tipo de poder. Y han ideado muchas formas de hacerlo. Está claro que no todo el mundo puede ser presidente del país, así que divide el país en estados. Así puede haber muchos gobernadores, muchos presidentes. Luego, divide el trabajo del presidente, entonces mucha gente puede ser ministro y, por debajo, mucha gente puede ser secretario de Estado. Toda esta cadena jerárquica está ocupada por personas que padecen algún complejo de inferioridad. Desde el presidente hasta el escolta de menor rango, todos padecen la misma enfermedad.

Indira Gandhi se mantuvo mucho tiempo en el poder en la India. Cuando estaba en el poder, muchas veces le dijo a mi secretaria que quería verme, tener un encuentro conmigo porque quería hacerme algunas preguntas. En al menos seis ocasiones se fijó una cita y, en cada ocasión, el día anterior llegaba el mensaje de que «ha surgido alguna emergencia y no le será posible asistir». A la sexta vez —iesa emergencia surgía ajustándose exactamente a la agenda!— le pedí a mi secretaria que le preguntara qué estaba ocurriendo realmente. Esa «emergencia» no era el verdadero motivo. Ella fue lo bastante honesta para decir: «El problema es que mis consejeros, mis correligionarios en el parlamento, me lo impiden. Me dicen que ir a ver a Osho podría ser desastroso para mi carrera política».

Luego, tras perder las elecciones, mi secretaria le dijo: «Ahora no hay problema. Aproveche esta oportunidad. Venga ahora que no es primera ministra del país».

Ella contestó: «Ahora es más difícil todavía, mi gente me dice que, si voy allí, puedo olvidarme de volver a ser primera ministra».

Su hijo, Rajiv Gandhi, era piloto y le dijo muchas veces a mi secretaria que quería verme para que le orientase en el rumbo de su carrera, si debía entrar en política o seguir siendo piloto. Después, cuando fue primer ministro, no volvió a solicitar ninguna guía. Es el mismo miedo. iMe he convertido en un peligro tal que, si te acercas a mí, todos los que están contra mí estarán contra ti! Tengo una gran compañía de enemigos por todo el mundo —lo disfruto de verdad—; iun hombre solo, sin ni siquiera una arma, está en guerra con veinticinco países! Y esos grandes países, con todo su poder, parecen ser absolutamente impotentes.

En Alemania, mi gente demandó al gobierno por llamar religión al cristianismo y «culto» a mi movimiento en el parlamento. En el mundo teológico cristiano, la palabra «culto» es vejatoria. Hemos apelado en dos cortes para que o bien al cristianismo también lo denominen culto, o bien denominen a nuestro movimiento nuevo movimiento religioso, pero que no lo llamen culto. Dos cortes han fallado a nuestro favor, diciendo que el gobierno no tiene derecho a utilizar términos vejatorios para personas que no han hecho ningún daño. Coinciden en que debería ser llamado «movimiento religioso». No obstante, el gobierno siguió utilizando el mismo término, «culto».

Esas dos cortes deberían aclarar al gobierno que están socavando a su constitución, a su ley, ellos mismos. Quienquiera que llame culto a mi movimiento religioso en el parlamento debería ser tratado como un delincuente. Aunque sea el propio canciller de Alemania, da igual. Todas esas personas están temblando por dentro, porque saben que pueden colapsar; bastará con un empujón. Saben que en el interior no hay nada, y que en el exterior hay una gran competencia por el poder.

No es una casualidad que los veinticuatro *tirthankaras*, los maestros del jainismo, procedieran de familias reales. Gautama Buda era príncipe. ¿Qué les ocurrió a esas personas? Rama y Krisna, las encarnaciones hindúes de Dios, son de la misma alcurnia, también pertenecen a familias reales. ¡Es como si nadie más pudiese iluminarse! Para iluminarse sólo se necesita sangre real... Pero el punto al que quiero llegar es que esas personas ya estaban en la cima. Tenían poder, pero el poder que ejercían no acabó con su vacío interior. Renunciaron al poder a cambio de su interioridad. La encontraron y florecieron en una belleza, en una verdad, en la declaración a todo el mundo de que «he llegado a casa».

La gente no se ha enterado de por qué esas personas renunciaron a sus reinos. Tenían todo el poder que necesitaban, pero esa misma situación... todo el poder que necesitaban, todo el dinero que necesitaban y aun así, ¿dentro no hay nadie? La casa está llena de dinero, comodidades, lujos, pero el amo no está. Fue esta necesidad lo que les impulsó a renunciar al poder y marchar en busca de la paz.

Las personas corrientes, naturalmente, no tienen el poder. Se limitan a mirar a las personas poderosas desde la distancia y piensan: «Si yo recibiera los mismos honores, el mismo reconocimiento, yo también sería alguien. Mis huellas quedarían marcadas en la arena del tiempo». Empiezan a sentirse intrigadas por el poder. Pero fíjate en las personas que nacieron con el poder y renunciaron a él al ver que se trataba de un ejercicio de absoluta futilidad. Dentro, sigues siendo igual. Aunque tuvieras miles de millones de dólares, eso no cambiaría nada en tu interior.

Sólo el cambio, la transformación en tu interior, te proporcionará paz. De esa paz saldrá tu amor; de esta paz saldrá tu danza, tus canciones, tu creatividad. Pero elude la palabra «poder».

De momento, sólo estás pensando en ello. Pensar no servirá de nada. Pensar es perfecto si quieres competir en el mundo por poder, por dinero, por prestigio, por respetabilidad. Pero en lo referente a asentarte en ti mismo, la mente es absolutamente inútil. Por lo tanto, la única intención aquí es ayudarte a salir de tu mente a la meditación, de los pensamientos al silencio.

Una vez que has saboreado tu ser interior, toda codicia, todo deseo de dinero o poder, simplemente se evaporará. No hay comparación. Has hallado la propia divinidad en tu interior; ¿qué más puedes desear?

En cierta ocasión, Oscar Wilde dijo: «Cuando los dioses quieren castigarnos, atienden nuestras plegarias». Por favor, ¿podrías comentarlo?

Oscar Wilde tenía razón. A menudo sucede que lo que el psicólogo no puede explicar acerca de la mente humana, el artista creativo, el poeta, lo puede explorar fácilmente hasta profundidades más allá de la lógica, más allá de la razón, más allá de la investigación científica.

La frase de Oscar Wilde tiene un valor enorme. Cuando dice: «Cuando los dioses quieren castigarnos, atienden nuestras plegarias», está hablando de nuestro inconsciente. No somos conscientes de lo que estamos haciendo, no somos conscientes de lo que estamos pidiendo, no somos conscientes de por qué estamos rezando. Nuestra conciencia es muy superficial y nuestro inconsciente es muy profundo; seguro que si se atendieran nuestras plegarias, más que un premio, sería un castigo. Pedimos algo dormidos, y nos arrepentiremos de haberlo pedido.

Por ejemplo, todos ustedes conocen la mitológica leyenda del rey Midas. Durante años, su única plegaria era que se le concediera el poder de convertir en oro todo lo que tocara.

Pasaron los años y su plegaria siguió sin ser atendida. Y cada vez estaba más impaciente; empezó a ayunar, empezó a practicar austeridades para forzar a los dioses a que le concedieran el poder que llevaba años buscando. También pensaba que lo que estaba pidiendo era inmensamente hermoso, maravilloso. Si te lo ofrecieran a ti, tú también lo aceptarías inmediatamente, sin dudarlo.

Finalmente, la plegaria fue atendida y su deseo fue cumplido. Adquirió la capacidad de convertir en oro todo lo que tocaba. Pero luego se dio cuenta de que, al pedir a los dioses que le concedieran ese poder, estaba acabando consigo mismo, porque no podía comer, no podía beber. Tocaba un vaso, y el vaso y el agua se convertían en oro. Tocaba su comida, y se convertía en oro. Ni siquiera su esposa se acercaba a él. Sus propios hijos huían corriendo, porque convertía en oro a todo aquel que tocaba.

En tan sólo una semana, el hombre estaba casi loco, agonizando. Una y otra vez le pedía a los dioses: «Quítenme el poder, no sabía lo que estaba pidiendo. Ya he tenido bastante castigo». Había convertido en oro a su mujer, había convertido en oro a sus hijos. Llevaba siete días sin comer nada, ni siquiera había bebido agua; se estaba muriendo de sed y de hambre.

Se había pasado todos esos años rezando, soñando que si le concedían ese poder se convertiría en el hombre más rico del mundo. Ahora, se había convertido en el hombre más pobre que haya existido jamás; en el pasado, presente y futuro, nadie había sido tan pobre jamás. Los amigos no venían a verlo. Todos sus ministros huyeron. Se sentaba en el trono y no aparecía nadie; le dejaron solo, cuando siempre había estado rodeado de gente. Era un gran rey, pero ahora ni siquiera los mendigos se mostrarían amables con él ni se le acercarían.

En todas las lenguas existen fábulas míticas similares, y no son simples fábulas. Son descripciones de nuestra mente inconsciente. Si se cumple tu plegaria, a no ser que seas totalmente consciente, será un castigo. Porque, ¿de dónde procederá? Y cuando seas plenamente consciente, no pedirás nada porque ya habrás recibido el mayor de los tesoros.

Un Gautama Buda no tiene nada que pedir. No reza. No tiene ninguna plegaria, no tiene ningún dios, está totalmente satisfecho y contento. Él no tiene deseo, no tiene nada que pedir, ha dejado de ser un mendigo. El hombre de conciencia se convierte en un emperador.

Pero los millones de personas que están rezando en los templos, en las iglesias, en las mezquitas, en las sinagogas, deberían pensar un poquito mejor lo que están pidiendo. Y si se cumple, ¿qué consecuencias traerá? Seguro que retirarían sus plegarias, porque todos sus deseos surgen de su inconsciente profundo. No saben qué consecuencias tendrá, cuál será el resultado final.

Oscar Wilde es un gran genio, un poeta, un artista creativo. Y éstas son las personas, no tus supuestos santos muertos, que le dan a la humanidad una nueva perspectiva de sus propios seres, de las posibilidades de lo que pueden pedir y de si es correcto pedir o si es mejor para ti esperar hasta que hayas llegado al punto del no deseo.

Todos tus deseos serán erróneos, por muy lógicos que parezcan. El resultado final será fatal. Puedes verlo en ti mismo.

Recuerdo una historia...

Alejandro Magno se aproximaba a la India. Iba a ser el último país que invadiría y, entonces, podría proclamarse conquistador del mundo. En el desierto de Arabia, se encontró con un místico, y ese místico tenía tal majestuosidad, un campo de energía tan carismático, que Alejandro no se pudo resistir. Detuvo su caballo y se apeó. Desde el día que partió de Atenas hacia Oriente, le rondaba una pregunta, ya que había oído que en Oriente había personas que habían alcanzado la inmortalidad... rumores que habían llegado a Grecia.

Este hombre parecía anciano y, a la vez, muy joven y lozano. Alejandro se expuso por primera vez en su largo viaje desde Grecia hasta la frontera de la India. Le dijo al hombre: «Me gustaría conocer el secreto de la inmortalidad».

El místico se rió y dijo: «Qué coincidencia. Le has preguntado a la persona adecuada; en un mundo tan grande con tanta gente. Si le hubieras preguntado a cualquier otro, no te habría podido mostrar el camino. Yo lo sé, y te mostraré el camino.

Cerca de aquí, a no más de dos millas, hay un oasis completamente desconocido para la gente. Ningún camino llega allí, es un lugar que sólo conocen los inmortales. Si consigues beber del agua de ese oasis, hay una pequeña fuente que mana de una cueva, te volverás inmortal.»

Alejandro no solía ir solo a ninguna parte. Era arriesgado, una cuestión de seguridad. Siempre estaba rodeado por sus guardaespaldas, por su gente de seguridad, por sus consejeros. Pero no quiso que nadie lo acompañara en esta aventura, porque no quería que nadie conociera el lugar. Así pues, dio órdenes de que nadie le siguiera, que su ejército se quedara donde estaba. Iría solo y regresaría pronto.

Llegó enseguida, pues tenía el caballo más rápido que existía entonces. Y puedes imaginarte su alegría porque su deseo, su deseo más profundo, ser inmortal… ¿Quién quiere morir? Nadie desea morir. Pero, ¿alguna vez te has parado a pensar lo que eso significa?

Tampoco Alejandro lo pensó. Saltó del caballo, se apresuró hacia la cueva donde nacía la pequeña corriente de agua cristalina, y justo cuando iba a beber de sus manos, un cuervo, que estaba posado sobre una roca, le dijo: «Espera un minuto». No se lo podía creer. Ni en sueños se habría imaginado que un cuervo pudiera hablar, pero cuando estás ante una fuente que puede hacerte inmortal, todo es posible.

Él le preguntó: «¿Por qué me detienes?».

El cuervo le dijo: «Concédeme un minuto y podré contarte mi historia. Yo también bebí de esa fuente, hace millones de años, y desde entonces he intentado acabar con mi vida de todas las formas posibles.

Estoy cansado, quiero morir, alcanzar el descanso eterno. Pero ningún veneno funciona, nada funciona. El fuego no me quema, y la mera idea de tener que seguir viviendo aburrido eternamente...

Lo he visto todo, lo he vivido todo, todo es repetición, repetición, repetición. He buscado a alguien que me dijera dónde puedo encontrar el antídoto de ese néctar que estás a punto de beber. Quería decírtelo para que no bebieras inconscientemente. No cometas el mismo error que yo cometí. Pero, si aun así quieres beber, eres libre.»

Alejandro nunca había pensado en este aspecto del asunto, en lo insoportable que sería la inmortalidad. Todos tus amigos acabarán yéndose, todos tus contemporáneos, todos aquellos a los que has amado y todos aquellos que te han amado acabarán yéndose. Seguirán pasando nuevas generaciones; la distancia entre tú y los demás irá aumentando cada vez más. Nadie te entenderá; tampoco tú entenderás a las personas de nuevas generaciones que vayan habitando la tierra. Y tu vida será una repetición, una rueda girando eternamente; la misma rutina cada mañana, cada tarde, y no hay forma de escapar, no hay salida.

Un gran miedo... Dejó caer el agua de sus manos y le dio las gracias al cuervo. Le dijo: «Te estaré eternamente agradecido, y te ruego que te quedes aquí para evitar que nadie más cometa el mismo error.

Porque todo el mundo, sin excepción, lo cometería».

Nuestro deseo inconsciente es: no morir. Pero nunca hemos pensado en las implicaciones que tiene. ¿Qué ocurriría si no pudieses morir, si no pudieses suicidarte; si la muerte nunca llegara y no tuvieras forma de salir de este círculo vicioso de vida? Estarías totalmente indefenso y tu angustia sería casi insoportable. Derramarías lágrimas de sangre y no habría forma de consolarte.

Oscar Wilde era un hombre de gran visión. Y, sin embargo, lo expulsaron de Inglaterra, lo echaron por sus ideas extrañas. Sus contemporáneos pensaban que estaba un poco loco. ¿Acaso un loco puede tener tal claridad, tal grado de conciencia? Pero éste es el sino de todos aquellos que nacen adelantándose a su tiempo. La distancia entre su entendimiento y el de sus contemporáneos es tan enorme que siempre aparecen como inadaptados. Oscar Wilde es uno de los más famosos genios inadaptados del mundo.

Pero recuérdalo siempre: cuando llegue a tus manos algún libro, alguna poesía de un hombre que haya sido condenado por sus contemporáneos, fíjate en su poesía, en el libro, en el mensaje; porque ese mensaje tiene que contener algo de inmenso valor que sus contemporáneos no fueron capaces de entender. Los grandes hombres tienen que esperar siglos para ser entendidos. Sólo pueden entenderlos personas que existirán mucho después de que hayan muerto. En vida no se les respeta, son deshonrados en sus propios países y por su propia gente. Y aportan preciosos tesoros, pero sus contemporáneos no los aprecian. Los rebeldes son la verdadera sal de la tierra. Gracias a esos rebeldes, existe una pequeña esperanza para la humanidad; la conciencia ha crecido un poco.

Sin esos pocos rebeldes en la historia del hombre, desparecería toda la humanidad y lo único que quedaría serían unas criaturas bárbaras, inhumanas, horribles. Pero a aquellos que les han proporcionado a ustedes toda la sabiduría, toda la conciencia y toda la sensibilidad que poseen… les han pagado con crucifixiones.

Durante toda su vida, a Oscar Wilde lo obligaron a estar yendo de un lugar a otro, de acá para allá, sin el menor respeto. Aun así, de él no salió ni una sola palabra de queja, ningún rencor hacia nadie, sino simple aceptación: «He llegado antes de mi tiempo. La culpa no es suya, sino mía. Debería haber esperado un poco más».

Pero es posible que incluso ahora estuviera adelantado a su tiempo; su tiempo no ha llegado todavía. He mirado en sus palabras y puedo afirmar categóricamente que todavía tendría que esperar a su gente. Incluso en la actualidad, la gente lo maltrata como lo hacían sus contemporáneos.

Pero me gustaría que entendieras a estos rebeldes, porque son seres humanos auténticos. Son las almas cristalizadas, las conciencias integradas. No tus falsos santos, sino los grandes poetas, los grandes pintores, los grandes creadores en cualquier dimensión... ellos tienen una visión que mira al infinito; tienen la profundidad del Pacífico y la altitud de las cimas del Himalaya. Si puedes hacerte amigo de estos rebeldes, algo de su sabor podrá entrar en tu propio ser. Puede convertirse en una semilla en ti y, a su debido tiempo, puede dar grandes flores y una deliciosa fragancia.

En cierta ocasión, le preguntaron a Gautama Buda: «¿Por qué no le enseñas a tu gente la oración?». Era una pregunta obvia, una religión sin oración es algo inconcebible para mucha gente. Y la respuesta de Buda sigue tan vigente ahora como hace veinticinco siglos, tan vigente y tan revolucionaria. Dijo: «No le enseño a mi gente la oración porque la oración les perjudicaría. En este momento, no son lo bastante conscientes como para pedir algo, y lo que sea que pidan, será erróneo. Antes, dejemos que sean lo bastante conscientes. Yo les enseño cómo hacerse más conscientes; luego, depende de ellos. Cuando sean plenamente conscientes, si quieren orar, serán libres de hacerlo. No son mis esclavos. Pero hay una cosa que puedo afirmar: alguien que sea plenamente consciente no tiene nada que pedir. Tiene todo lo que uno podría pedir».

Mildred llevaba años regañando a su familia, y todo el mundo se había acostumbrado a sus quejas y a su gesto huraño. Un día asistió a una conferencia de «pensamiento positivo», en la que el conferenciante estuvo hablando durante una hora de las cualidades positivas de una cara sonriente. Mildred volvió a casa y decidió reformarse.

Al día siguiente se levantó temprano, se puso su vestido favorito y preparó un buen desayuno. Cuando la familia llegó al comedor, les saludó con una espléndida sonrisa. Su marido, George, al verle la cara, se derrumbó sobre una silla.

—Y ahora, encima —dijo entre dientes—, se le ha desencajado la mandíbula.

No podía concebir que su sonrisa pudiese ser auténtica. ¡Tenía que habérsele desencajado la mandíbula!

La gente intenta rezar, intenta sonreír, intenta parecer feliz, ser sincera, honesta, cualquier cualidad encomiable. Pero su inconsciencia está presente en cada acto, y su inconsciencia distorsiona su honestidad, distorsiona su verdad.

Pero en el mundo no hay ninguna moralidad que enseñe a la gente a ser consciente antes para que después vea con su propia conciencia las cualidades que le gustaría que florecieran en su ser... ¿Honestidad, sinceridad, verdad, amor, compasión? Aparte de unos pocos rebeldes como Gautama Buda, nadie ha tenido en cuenta tu inconsciente, que antes ha de ser abandonado, cambiado; tu ser interior tiene que estar lleno de luz, y entonces, hagas lo que hagas, será correcto. Desde una mente totalmente consciente nada puede ser incorrecto. Pero, ¿quién escucha?

Durante cuarenta y dos años ininterrumpidamente, Gautama Buda se dedicó a decirle una cosa a la gente: estén más alerta, sean más conscientes. Se acostumbraron a escucharlo, y se pasó cuarenta y dos años diciendo: «No estoy aquí para que me adoren, porque eso no servirá de nada. Además, la adoración inconsciente de seres humanos es absolutamente inútil, no tiene ningún sentido; es un engaño; una forma de engañarse a ustedes mismos y creer que me han entendido».

El último día de su vida volvió a repetir una vez más: «No me hagan estatuas. Si me aman, hagan lo que les he estado diciendo durante cuarenta y dos años: deben estar más alerta. No erijan templos ni estatuas en mi nombre».

Sin embargo, y esto demuestra cómo funciona nuestra mente inconsciente, las estatuas de Gautama Buda fueron las primeras erigidas a una persona real, histórica. En el mundo existen más estatuas de él que de ninguna otra persona. Hay templos esculpidos que son casi toda una montaña. En China hay un templo donde hay diez mil estatuas de Buda. Toda la montaña ha sido esculpida en estatuas. Su nombre es «el templo de los diez mil Budas».

En los países árabes se conoció algo parecido a las estatuas a través de las estatuas de Buda en Mongolia. Y como esas estatuas se llamaban budas... por eso, en árabe, en persa, en urdu, estatua se dice «*bud*». Es un término derivado de buda. El propio término «*bud*» se ha convertido en sinónimo de estatua, a pesar de que Buda se pasara toda la vida diciendo que no debían adorarle, que lo principal era entenderle.

Pero los rebeldes o son crucificados o son adorados, y son exactamente lo mismo. La crucifixión es una forma bárbara de deshacerse de ellos; adorarlos es una forma un poco más civilizada de deshacerse de ellos. Pero, en ambos casos, acabamos deshaciéndonos de ellos.

Deberías tener en cuenta lo que dice Oscar Wilde. Éste no es un lugar de oración. Este lugar no es un lugar al que puedas venir para que se cumplan tus deseos. Este lugar sólo existe para ayudarte a que seas más consciente, para que estés más alerta y puedas ser una luz en ti mismo. Entonces, todo lo que haces es bueno, es hermoso, es espiritual, es divino.

Es como conducir un coche hacia adelante y atrás al mismo tiempo. No estoy yendo a ninguna parte. ¿No está en marcha o es que soy un mal conductor?

La idea de ir a alguna parte es errónea desde su base. Nada va a ninguna parte. La existencia es ahora, aquí; no se dirige a ningún destino en particular. No hay ningún destino, no hay ningún propósito final. Pero durante siglos nos han enseñado que la existencia se dirige hacia una determinada meta. También nos han enseñado a vivir ambiciosamente, a demostrar que somos algo, alguien: «Sé alguien». Pero la existencia carece por completo de propósito.

No estoy diciendo que no sea *importante*. Es importante, precisamente, por carecer de propósito, pero su importancia no es mercantil. Se trata de un tipo de importancia totalmente diferente: la importancia de una rosa, la importancia de un pájaro en vuelo, la importancia de la poesía, de la música. Es un fin en sí misma.

No tenemos que transformarnos en algo, ya lo somos. Ése ha sido el mensaje de todos los despiertos: no tienes que conseguir nada, ya te ha sido dado. Es un regalo de la existencia. Ya estás donde deberías estar, no puedes estar en ninguna otra parte. No hay que ir a ninguna parte, no hay que conseguir nada. Y cuando no hay que ir a ninguna parte ni hay que conseguir nada, puedes celebrar. Entonces, no hay prisa, ni preocupación, ni ansiedad, ni angustia, ni miedo al fracaso. No puedes fracasar. Por la propia naturaleza de las cosas, es imposible fracasar, porque no se trata en absoluto de éxito.

Lo que origina el problema en ti sólo es un condicionamiento de la sociedad. Entonces, empiezas a pensar: «No estoy llegando a ninguna parte y la vida se me va escurriendo de las manos, la muerte se va acercando. ¿Lo conseguiré o no?». Y entonces surge un gran miedo a fallar, una gran frustración por lo mucho que se ha perdido. ¿Y quién sabe?, puede que mañana nunca llegue. «Todavía no he podido demostrar mi valía. Todavía no soy famoso. No he acumulado mucha riqueza. No soy el presidente o el primer ministro de un país.»

O, quizá, puede que empieces a pensar en términos espirituales, pero el proceso es el mismo. Puedes pensar: «Todavía no me he iluminado. Todavía no me he convertido en un Buda o un Jesús. Estoy muy lejos de la meditación. No sé quién soy». Y puedes seguir creándote mil y un problemas.

Todos estos problemas surgen porque la sociedad quiere que seas ambicioso, y la ambición sólo se puede generar cuando hay una meta en el futuro. Para la ambición, el futuro es imprescindible. Sin ambición, no se puede crear el ego. Y el ego es la estrategia básica de la sociedad para gobernarte, para explotarte, para mantenerte oprimido y desdichado.

El ego existe en la tensión entre el presente y el futuro: a mayor tensión, mayor ego. Cuando no existe tensión entre tu presente y tu futuro, el ego desaparece porque no tiene ningún lugar en el que cobijarse, en el que pueda existir.

Por eso, la sociedad te enseña: «Transfórmate en esto, transfórmate en lo otro». Te enseña a transformarte. Todo su sistema educativo se basa en la idea de transformarse.

Y lo que yo estoy diciendo aquí es justo lo opuesto. Estoy hablando de *ser*, no de transformarse. La transformación es un invento de los astutos políticos y sacerdotes, que son los que han envenenado a toda la humanidad. Ellos te van dando metas. Si te cansas de las cosas mundanas como el dinero, poder o prestigio, te hablan del paraíso, de Dios, del *samadhi*, de la verdad. Todo el proceso vuelve a empezar de nuevo.

Y con las cosas mundanas es fácil acabar frustrado. Tarde o temprano, verás lo estúpido de tener más dinero o más poder. Tarde o temprano, verás la futilidad de la propia idea del «más» porque el «más» lo único que trae es desdicha. Se lleva toda tu felicidad, toda tu paz. Es destructivo. Lo único que aporta es miedo, inseguridad, ansiedad, neurosis. Te vuelve loco; eso es algo que se puede ver muy fácilmente. Ha convertido el mundo entero en un manicomio.

Pero ver que las metas espirituales —el nirvana, la liberación final, Dios y el paraíso— también son lo mismo, es muy difícil. Ver que esas metas son de la misma calidad requiere una gran inteligencia. No hay ningún cambio cualitativo; todavía sigues pensando en términos de transformarte. Todavía sigues pensando en términos de futuro.

El futuro no existe, es tan no-existencial como el pasado. El pasado ya no existe, el futuro todavía no existe; sólo existe el presente. Y en el presente no hay posibilidad de desear, no hay posibilidad de ser ambicioso, no hay espacio suficiente para que el ego pueda existir.

Cuando estás ahora y aquí no hay ningún ego. Eres puro silencio. Ahora mismo... ve lo que estoy diciendo. No estoy proponiendo una teoría o una filosofía; simplemente estoy constatando un hecho. ¡Durante un segundo, ve... este mismo momento! ¿Dónde está el ego? Y qué alturas y qué profundidades de paz se te abren de repente. Están siempre dentro de ti, pero nunca te fijas en ellas, siempre estás corriendo. Pero como no llegas a ninguna parte, estás muy preocupado.

Dices: «Es como conducir un coche hacia delante y atrás al mismo tiempo. No estoy yendo a ninguna parte».

No es necesario. Este mismo momento, dondequiera que estés, es una bendición, es divino. ¿A qué otro lugar quieres ir? ¿Por qué vivir en el pasado? Es el pasado lo que te da metas. Es el pasado que llevas en tu cabeza lo que proyecta metas en el futuro. El futuro no es más que un reflejo del pasado.

Desde la infancia has estado siendo hipnotizado por la sociedad, por los sacerdotes, por los políticos, por tus padres, por los pedagogos. Han estado todo el tiempo induciéndote hipnóticamente que tienes que tener una meta en la vida, que tienes que tener algún propósito, que tienes que ser un gran triunfador, que tienes que ser famoso, un premio Nobel o algo así, que no debes morir siendo un hombre corriente. Morir siendo un hombre corriente no tiene ningún aliciente. Tienes que morir siendo presidente o primer ministro, ¡como si su muerte tuviese algo de especial!

Por este continuo martilleo sobre tu cabeza estás tan acostumbrado a la idea, que te está volviendo loco. Si no, la vida es muy hermosa tal como es; no necesita ningún propósito, ninguna meta. El futuro puede ser abandonado por completo. Vives en el futuro para escapar del presente, y estás tan obsesionado psicológicamente con el futuro que te estás perdiendo lo que es, por lo que no es.

Una de las primeras cosas que aprende un niño judío en su instrucción bíblica es: «Honrarás a tu padre y a tu madre... ¡o si no...!». A Herschel, un niño de seis años, el mandamiento le hizo recordar el día que su padre llegó a casa y anunció que había decidido comprar un coche, el primer coche de la familia.

El padre estaba ilusionado. «Fíjense, sólo llevamos unos años en este país y pronto tendremos un coche nuevo —dijo orgulloso—. Ya nos imagino dando una vuelta por Central Park. Yo conduciendo delante, a mi lado, mamá, y en el asiento de atrás, nuestro pequeño Herschel.»

Mamá asintió y sonrió en aprobación. «Bueno, ¿y cuándo piensas comprar el coche?», le preguntó.

«En un par de semanas, puede que un mes, no más tarde.»

La plácida conversación fue interrumpida por un afligido grito de Herschel: «¡Yo no quiero ir en el asiento de atrás! ¡Quiero sentarme delante y ayudar a conducir!».

«En esta familia con un conductor es suficiente —le recordó el padre al niño—. Mamá se sienta delante y tú te sientas detrás.»

«¡Si tengo que ir detrás daré cabezazos contra la pared, ya lo verás! —dijo Herschel quejándose. Fue corriendo hacia la pared y adoptó una postura amenazante, dispuesto a poner en acción sus palabras—. ¡Mamá va detrás y yo voy delante!»

«No, Herschel, tu detrás», —le dijo el padre autoritariamente.

«¡Detrás no, delante! —empezó a gritar Herschel—. ¡Yo no quiero ir detrás!»

El padre, enfadado, extendió el brazo y señaló con el dedo imperativamente. «Herschel, —dijo fríamente—, ¡haz el favor de salir de mi choche!»

¡La gente vive en el futuro!

Así es su paraíso, igual que el coche. Y lo mismo ocurre con su nirvana, con su iluminación, son igual que el coche.

Sólo la mente mediocre se obsesiona psicológicamente con el futuro. Pero la sociedad destruye la inteligencia de todo el mundo y hace que todo el mundo sea mediocre. La sociedad, en realidad, no quiere que seas inteligente; le asusta mucho la inteligencia. Las personas inteligentes son peligrosas. Son radicales, revolucionarias; siempre están saboteando el *statu quo*. La sociedad quiere que te mantengas mediocre, estúpido. Quiere, ciertamente, que seas eficiente, de una forma mecánica. Quiere que acumules toda la información que te sea posible, pero no quiere que seas realmente inteligente, porque si eres inteligente, no te preocuparás por el futuro. Vivirás en y para el presente, porque no existe ninguna otra vida.

Escucha a los pájaros piando, charlando... los árboles floreciendo... las estrellas, el sol, la luna. Toda la existencia vive en el presente, excepto tú, excepto la mente humana. Y sólo la mente humana sufre.

¡Sal del futuro! Es tu sueño. No tienes por qué ir a ninguna parte. Sé feliz donde quiera que estés. Confórmate con tu ser y abandona la idea de transformarte. Entonces, cada momento es precioso; entonces, cada momento tiene tal belleza, tal grandeza, tal esplendor. Entonces, cada momento es exquisito, puedes sentir lo divino en todas partes y en todo momento.

El paraíso no es una meta, es la presencia ahora mismo. Si estás presente, lo divino está disponible. Si vives en el momento, estás iluminado; no existe ninguna otra iluminación. Entonces, la vida ordinaria es muy extraordinaria. Entonces, ser simplemente un «nadie» es muy satisfactorio. A esta forma de abordarlo todo yo lo llamo *sannyas*: abandonar las metas, los propósitos, el futuro; entrar a formar parte de la existencia en este mismo momento, no posponerlo. En este mismo momento puede darse una gran explosión en ti: el ego desaparece, tú ya no existes, sólo existe lo divino. Eso es bendición, eso es verdad.

tres

EL AMOR NO SE PUEDE COMPRAR CON DINERO

Tenemos que vivir en la riqueza, en la abundancia, tanto material como espiritualmente. No se trata de elegir entre vivir en la abundancia material o en la espiritual. La cuestión básica es si se debería vivir en la abundancia, en la riqueza, que es algo natural y existencial. Tu necesidad básica es florecer en la abundancia, conocer todos los colores, conocer todas las canciones, conocer todas las cosas bellas de la vida.

Pero en el pasado de la humanidad siempre se ha elogiado la pobreza y ha sido equiparada con la espiritualidad, lo cual es absolutamente absurdo. La espiritualidad es la mayor riqueza que le puede sobrevenir a una persona, y contiene todas las demás riquezas. No es contraria a las demás riquezas; de lo único que está en contra es de cualquier tipo de pobreza.

¿Por qué el dinero se convierte en una carga? Sacar el tópico del dinero, al parecer, es un tabú similar a discutir de sexo o de la muerte en la mesa a la hora de comer.

El dinero se convierte en una carga, por la sencilla razón de que no hemos sido capaces de elaborar un sistema saludable en el que el dinero pase a estar al servicio de toda la humanidad en lugar de estar al mando de unas pocas personas codiciosas. El problema subyace en que la psicología del hombre está llena de codicia; si no fuese así, sería simplemente un medio para intercambiar cosas, un medio perfecto. No tiene nada de malo pero, tal como lo hemos desarrollado, todo parece estar mal.

Si no tienes dinero, estás condenado; toda tu vida es una maldición, te pasas toda la vida intentando conseguir dinero como sea. Y aunque tengas dinero, la cuestión básica no cambia: sigues queriendo más, y el querer más no tiene fin. Cuando finalmente tienes demasiado dinero pero no el suficiente, pues nunca es suficiente, aunque tengas más que nadie, empiezas a sentirte culpable porque los medios que has utilizado para acumular el dinero han sido horribles, inhumanos, violentos. Te has dedicado a explotar, a chuparle la sangre a la gente, has sido un parásito. Así pues, ahora tienes dinero pero te recuerda todos los crímenes que has cometido para ganarlo.

Eso genera dos tipos de personas: unos empiezan a hacer donaciones a instituciones benéficas para borrar su culpa. Se dedican a hacer «buenas obras», a hacer «la obra de Dios». Construyen hospitales y escuelas; sólo lo hacen para intentar evitar, de algún modo, que su sentimiento de culpabilidad los vuelva locos. Todos sus hospitales, todas sus escuelas e institutos, todas sus instituciones benéficas son obra de personas culpables.

Por ejemplo, el premio Nobel fue fundado por un hombre que había ganado mucho dinero en la Primera Guerra Mundial produciendo armamento, todo tipo de bombas destructivas. La Primera Guerra Mundial se combatió con la maquinaria abastecida por el señor Nobel, y amasó tal cantidad de dinero... Todos los bandos se abastecían de armas del mismo proveedor; era el único que producía material bélico a gran escala. Así pues, a todos los que mataron, los mató él. No importa que pertenecieran a un bando o a otro; a todos los que mataron, los mataron sus bombas. En los últimos años de su vida, cuando tenía todo el dinero que un hombre puede tener, instauró el premio Nobel. Hay un premio de la paz... ¡instaurado por un hombre que hizo todo su dinero con la guerra! Hay un premio para el trabajo por la paz, un premio para los grandes descubrimientos científicos, para los grandes artistas, para los inventos creativos.

El premio Nobel está dotado con una gran cantidad de dinero, cientos de miles de dólares, y va aumentando porque el dinero se va devaluando. Y la fortuna que debió amasar ese hombre era tan enorme que todos los premios Nobel que se conceden cada año se sufragan sólo con los intereses. La fortuna básica permanece intacta, y permanecerá intacta por siempre. Los intereses que devienen son tan altos que son suficientes para otorgar veinte premios Nobel cada año.

Toda obra de caridad es, en realidad, una tentativa de lavar tu culpa, literalmente. Cuando Poncio Pilatos ordenó la crucifixión de Jesús, lo primero que hizo fue lavarse las manos. ¡Extraño! La orden de crucifixión no mancha las manos. ¿Por qué se lavó las manos? Es algo significativo: se sentía culpable. La gente tardó dos mil años en entender eso, porque durante dos mil años nadie lo mencionó, a nadie se le ocurrió comentar por qué Poncio Pilatos se lavó las manos. Fue Sigmund Freud quien descubrió que algunas personas, cuando se sienten culpables, se lavan las manos. Es simbólico... como si sus manos estuviesen manchadas de sangre.

Así pues, tener dinero te produce culpa. Una forma de lavarte las manos es ayudando a instituciones benéficas, algo que explotan las religiones. Explotan tu culpa, pero refuerzan tu ego diciéndote que lo que estás haciendo es una gran obra espiritual. En realidad, no tiene nada que ver con la espiritualidad; sólo intentan consolar a los criminales.

La otra cosa que ocurre es que el hombre se siente tan culpable que se vuelve loco o se suicida. Su propia existencia se vuelve angustiosa. La respiración se hace pesada. Qué extraño, teniendo en cuenta que se ha pasado toda la vida trabajando para conseguir todo ese dinero; porque la sociedad provoca el deseo, la ambición de ser rico, de ser poderoso. Y el dinero da poder; puede comprar cualquier cosa, excepto esas pequeñas cosas que no se pueden comprar. Pero esas cosas no le importan a nadie.

La meditación no se puede comprar, ni el amor, ni la amistad, ni la gratitud, pero eso no le importa a nadie. Todo lo demás, todo el mundo de las cosas, se puede comprar. De esta manera, todos los niños empiezan a ascender la escalera de las ambiciones, y saben que con dinero todo es posible.

La sociedad engendra la idea de la ambición, de ser poderoso, de ser rico. Es una sociedad completamente equivocada. Produce personas insanas, psicológicamente enfermas. Y cuando han alcanzado la meta que la sociedad y el sistema educativo les ha impuesto, se encuentran en un punto muerto. La carretera se acaba; más allá no hay nada. Así, o se convierten en falsas personas religiosas o saltan a la locura o al suicidio y se destruyen.

El dinero podría ser algo maravilloso si no estuviera en manos de individuos, si formara parte de las comunidades y la sociedad se ocupara de todos. Todo el mundo crearía, todo el mundo contribuiría, pero a la gente no se le pagaría con dinero; se le pagaría con respeto, con amor, con gratitud, y se le facilitaría todo lo necesario para vivir.

El dinero no debería estar en manos de individuos; de no ser así, seguirá causando el problema de la carga de la culpabilidad. El dinero puede enriquecer mucho la vida de la gente. Si el dinero lo posee la comunidad, ésta puede proporcionarte todo lo que necesitas, toda la educación, todas las dimensiones creativas de la vida. Se enriquecerá la sociedad y así nadie se sentirá culpable. Y como la sociedad habrá hecho tanto por ti, tú querrás devolvérselo por medio de tus servicios.

Si eres médico, lo harás lo mejor que puedas; si eres cirujano, lo harás lo mejor que puedas, porque la sociedad te habrá ayudado a ser un excelente cirujano, dándote toda la educación, todas las facilidades, ocupándose de ti desde tu más tierna infancia.

Es a eso a lo que me refiero cuando digo que los niños deberían pertenecer a las comunidades, y las comunidades deberían satisfacer las necesidades de todo el mundo. Todo lo que produce la gente no sería acumulado por individuos; serían recursos para la comuna. Sería tuyo, sería para ti, pero no estaría en tus manos. No te haría ambicioso; al contrario, te haría más creativo, más generoso, más agradecido, y así la sociedad se iría volviendo mejor, más hermosa. Entonces, el dinero no sería un problema.

Las comunidades podrían utilizar el dinero para hacer intercambios, porque cada comunidad no puede tener todo lo que necesita. Podrían comprar cosas de otras comunidades; el dinero podría ser utilizado como un medio de intercambio, pero entre comunidades, no entre individuos. De ese modo, cada comuna podría adquirir las cosas que no tuviese. Por lo tanto, la función básica del dinero se mantendría, pero su posesión cambiaría de lo individual a lo colectivo. Para mí, esto es comunismo básico: la función del dinero es transferida de lo individual a lo colectivo.

Pero las religiones no querrán eso, ni los políticos, porque todo su juego se vendría abajo. Todo su juego depende de la ambición, del poder, de la codicia, de la lujuria.

Aunque parezca extraño, las religiones existen casi por completo debido a cosas irreligiosas... o mejor dicho, debido a las cosas antirreligiosas. Utilizan esas cosas, pero, en la superficie, no se ve. Se ve la caridad, pero no se ve de dónde procede la caridad, y por qué. En primer lugar, ¿por qué tiene que ser necesaria la caridad? ¿Por qué tiene que haber huérfanos, por qué tiene que haber mendigos? Y, en segundo lugar, ¿por qué hay personas tan dispuestas a hacer obras de caridad, a donar dinero, a dedicar toda su vida a la caridad y a socorrer a los pobres?

Superficialmente, todo parece correcto, porque llevamos demasiado tiempo viviendo en este tipo de estructuras, pero, en realidad, es totalmente absurdo. Si la comunidad se ocupase de los niños, ningún niño sería huérfano. Y si todo perteneciese a la comunidad, no habría mendigos; todos compartiríamos lo que tuviéramos. Entonces, las religiones no tendrían sus fuentes de explotación. No tendrían pobres que consolar, no tendrían ricos que necesitasen expiar su culpa. Por eso, las religiones están en mi contra. Mi trabajo es casi como el del sepulturero que va abriendo hermosas sepulturas de mármol y sacando esqueletos. Nadie quiere verlos. A la gente le dan miedo los esqueletos.

Uno de mis amigos estudiaba medicina, y yo solía ser su invitado de vez en cuando, cuando viajaba. Si tenía que pasar la noche, en lugar de quedarme en la estación, la pasaba en el hostal con este amigo. Un día, nos quedamos hasta muy tarde hablando de todas las cosas y, de algún modo, la conversación acabo derivando hacia el tema de los fantasmas. Bromeando, le dije: «Existen de verdad. Es extraño que no los hayas visto».

En la habitación había otros quince estudiantes más, y todos dijeron: «No, no creemos en ellos. Hemos diseccionado muchos cuerpos y nunca hemos encontrado ninguna alma, no hay ningún fantasma, nada».

Así pues, mi amigo y yo nos preparamos... En el pabellón quirúrgico había muchos esqueletos; además, había otra sala donde se hacían las autopsias cuando moría un mendigo o cuando alguien era asesinado o se suicidaba. Era una gran ciudad, capital del estado. Las salas estaban unidas. A un lado de la pared estaban los esqueletos, y al otro muchos cadáveres utilizados para algún procedimiento determinado. ¿Y quién se preocupa de los mendigos con todo lo que hay que hacer? Cuando tenían tiempo, los profesores hacían las autopsias y averiguaban cómo había muerto la persona.

Le dije a mi amigo: «Vamos a hacer lo siguiente: mañana por la noche, te tumbas en una camilla en la morgue, yo traeré a tus amigos. No tienes que hacer nada hasta que estemos en plena conversación, cuando llevemos allí un rato. Entonces, te levantas y te quedas sentado en la camilla».

Era muy sencillo, sería muy fácil, así que se mostró dispuesto a hacerlo.

Pero surgió un problema... la cosa se complicó. Fuimos a la sala quirúrgica y mi amigo estaba tumbado. Cuando entramos, se levantó, y los quince empezaron a temblar. No se podían creer lo que estaban viendo sus ojos, ¡un cadáver que se levantaba! Pero, entonces, el problema se hizo real, ¡uno de los cadáveres de verdad también se levantó! Mi amigo, que estaba fingiendo, dio un salto y dijo: «¡Es un fantasma de verdad! ¡Miren ese cadáver!».

Todo había sido un malentendido; ese hombre sólo estaba en coma. Por la noche, unos enfermeros, creyéndolo muerto, lo habían bajado a la morgue. Y allí volvió en sí y se levantó. Al oír a toda esa gente, pensó que se había hecho de día y que ya era hora de levantarse y preguntar qué estaba pasando. Al principio, ni siquiera yo podía entender lo que estaba pasando, sólo había preparado a una persona para el truco. ¿El segundo hombre...? Mientras nos íbamos, el hombre gritaba: «¡Esperen, estoy vivo! ¿Por qué me han traído aquí?».

Cerramos las puertas, dijimos que no era asunto nuestro y nos marchamos. Fue difícil convencer a mi amigo, que había estado tumbado allí, de que no se trataba de un fantasma, que el otro hombre estaba allí por error. Él me dijo: «¡Nunca más! Al menos no se levantó hasta que llegaron. Si se hubiera levantado cuando estaba tumbado allí solo, ¡me habría muerto del susto! No habría sobrevivido».

Si sigues escarbando en las raíces, que son feas, que nadie quiere ver... por eso, palabras como «sexo», «muerte» o «dinero» se han convertido en tabúes. No hay nada en ellas que no se pueda discutir en la mesa, pero las hemos reprimido en lo más profundo y no queremos que nadie escarbe en ellas. Nos da miedo. Nos da miedo la muerte porque sabemos que vamos a morir, y no queremos morir. Queremos mantener los ojos cerrados. Queremos vivir pensando que «todo el mundo se va a morir, menos yo». La psicología normal de todo el mundo es: «Yo no me voy a morir».

Sacar el tema de la muerte es tabú. La gente lo teme porque les recuerda su propia muerte. ¡Son tan triviales, y la muerte se acerca! Pero quieren que las trivialidades les mantengan ocupados. Funcionan como una cortina: no se van a morir, al menos, no ahora. Más adelante... «cuando ocurra, ya veremos».

El sexo les da miedo por todos los celos que implica. Sus propias experiencias en la vida han sido amargas. Han amado y fracasado, y no les apetece sacar el tema, duele.

Y con el dinero ocurre lo mismo, porque el dinero trae, inmediatamente, la jerarquía de la sociedad. Si hay doce personas sentadas en torno a la mesa, inmediatamente, colocas a las doce por orden jerárquico; en ese momento se pierde la similitud, la igualdad. Entonces, algunos son más ricos que tú, otros son más pobres que tú, y, de repente, dejas de verlos como amigos para verlos como enemigos, porque todos luchan por el mismo dinero, se aferran al mismo dinero. De repente, dejan de ser amigos, son competidores, enemigos. Por lo tanto, al menos en la mesa, mientras estás comiendo, no quieres ninguna jerarquía, ninguna de las luchas de la vida ordinaria. Quieres olvidar todas esas cosas por un momento. Sólo quieres hablar de cosas buenas, pero lo que haces es ocultar lo verdaderamente importante.

¿Por qué no crear una vida que sea realmente buena? ¿Por qué no crear una vida en la que el dinero no genere jerarquías sino, simplemente, más y más oportunidades para todos? ¿Por qué no crear una vida en la que el sexo no genere experiencias amargas, celos, fracasos; en la que el sexo sea algo divertido, como cualquier otro juego, un juego biológico?

Una simple comprensión… si yo amo a una mujer y ella disfruta con algún hombre, no entiendo qué hay de malo en ello. Eso no perturba mi amor; de hecho, ¡la amo más porque está siendo amada por más gente! He elegido una mujer realmente hermosa. Sería feo amar a una mujer que sólo amase yo, que no pudiera encontrar a nadie más en todo el mundo que la amase. ¡Eso sería un infierno!

¿Qué hay de malo en que, de vez en cuando, ella sea feliz con otro? Un corazón comprensivo estaría feliz porque ella es feliz. Si amas a una persona, querrás que esa persona sea feliz. Si es feliz contigo, bien; si es feliz con otro, igual de bien. No hay ningún problema en ello.

Tenemos que eliminar todas las antiguas necedades que han estado vertiendo todo el tiempo en nuestras mentes: monogamia, relaciones uno a uno y fidelidad, que no son más que tonterías. Habiendo tanta gente hermosa en el mundo, ¿por qué no iban a entremezclarse? Tú juegas al tenis; eso no significa que tengas que jugar toda la vida con el mismo compañero, prometerle fidelidad. La vida debería ser más rica.

Así pues, sólo se necesita esa pequeña comprensión para que el amor deje de ser un problema, para que el sexo deje de ser tabú; cuando en tu vida no hay problemas, no hay ansiedades; cuando has aceptado la vida en su totalidad, la muerte no es el final de la vida, sino que forma parte de ella. Al aceptar la vida en su totalidad, también aceptas la muerte; sólo es un descanso. Si has estado trabajando todo el día, por la noche querrás descansar, ¿verdad?

Hay algunas personas enfermas que no quieren dormir. Yo conocí a una de ellas, un hombre que se pasaba toda la noche intentando hacer cualquier cosa para mantenerse despierto. El problema era que tenía miedo de dormirse porque, ¿quién le garantizaba que se iba a volver a despertar? Pero ¿quién podría garantizárselo? Es, sin lugar a dudas, un gran problema. ¿Quién podría garantizárselo? Él decía: «Tienes que garantizarme que me despertaré. ¿Cómo puedo estar seguro de que no me quedaré dormido?, porque he visto que mucha gente se queda dormida y... ¡se acabó! La gente dice que están muertos, los llevan al crematorio y los incineran. Yo no quiero que me quemen. Así pues, ¿por qué correr el riesgo? ¡Dormir es peligroso!». Hasta dormir se puede convertir en un problema.

La muerte es un dormir un poco más largo, un poco más profundo. El dormir diario te rejuvenece, te devuelve la capacidad de funcionar mejor, más eficientemente. Todo el cansancio desaparece, vuelves a ser joven. La muerte hace lo mismo a un nivel más profundo. Cambia el cuerpo, porque el cuerpo ya no se puede rejuvenecer con el dormir normal; se ha hecho muy viejo. Necesita un cambio más drástico, necesita un cuerpo nuevo. Tu energía vital quiere una forma nueva. La muerte es, simplemente, un dormir para que puedas entrar fácilmente en una nueva forma.

Una vez que aceptas la vida en su totalidad, la vida incluye la muerte. La muerte no es su enemiga, sino un sirviente igual que el dormir. Tu vida es eterna, existirá por siempre. Pero el cuerpo no es eterno; tiene que cambiarse. Se hace viejo, así que es mejor tener un cuerpo nuevo, una forma nueva, en vez de ir arrastrándose por ahí.

Para mí, un hombre de comprensión no tendrá ningún problema. Sólo tendrá claridad para ver, y los problemas se evaporan. Y atrás queda un enorme silencio, un silencio de gran belleza y bendición.

¿Por qué siempre tengo la sensación de que el sexo y el dinero están profundamente conectados de algún modo?

Están conectados. El dinero es poder; así que puede ser utilizado de muchas maneras. Puede comprar sexo, que es algo que siempre ha ocurrido. Ha habido reyes que han tenido miles de esposas. Incluso en el siglo XX, ¡el Nizam de Hyderabad tenía quinientas esposas!

Se dice que Krishna tuvo dieciséis mil esposas. Yo solía pensar que eso era demasiado, pero desde que me enteré de que hace tan sólo unas décadas el Nizam de Hyderabad tenía quinientas esposas, no me parecen demasiadas, ¡solo treinta y dos veces más! Parece humanamente posible. Si puedes tener quinientas, ¿por qué no dieciséis mil?

Todos los reyes del mundo lo hacían; las mujeres eran utilizadas como ganado. En los palacios de los grandes reyes las esposas eran numeradas. Como era difícil recordar los nombres, el rey podía decirle a sus sirvientes: «Tráeme a la cuatrocientos uno», porque, ¿cómo recordar quinientos nombres? Números... se las numeraba como a los soldados; ellos no tienen nombres sino números. Y la diferencia es enorme.

Los números son absolutamente matemáticos. Los números no respiran, no tienen corazón. Los números no tienen alma. Cuando muere un soldado en la guerra, en el cartel de anuncios simplemente se lee: «Número 15 muerto». Ahora bien, leer «Número 15 muerto» es completamente diferente a leer el nombre completo de la persona. Que era un marido y cuya mujer ahora es viuda; que era un padre y cuyos hijos ahora son huérfanos; que era el único sostén de sus ancianos padres y ahora no hay nadie que los mantenga. Una familia queda desierta, la luz de una familia desaparece. Pero si el que muere es el número quince, el número quince no tiene esposa, recuerda; el número quince no tiene hijos, no tiene unos padres ancianos. ¡El número quince sólo es el número quince! Y el número quince es reemplazable; este número se le volverá a asignar a otra persona. Pero ningún ser humano es reemplazable. Ponerles números a los soldados es una artimaña, una artimaña psicológica. Es útil... nadie le presta atención a unos números que desaparecen; vendrán otros nuevos números que reemplazarán a los anteriores.

Las esposas eran numeradas, y dependía de la cantidad de dinero que tenías. De hecho, en tiempos antiguos, ésa era la única forma de saber lo rico que era un hombre; era una especie de baremo: ¿Cuántas esposas tiene?

Desde tiempos inmemoriales, la mujer ha sido explotada, ¡y para explotarla se ha utilizado el dinero! El mundo entero ha sufrido por la prostitución, degrada a los seres humanos. ¿Y qué es una prostituta? Una mujer que ha sido reducida a un mero mecanismo y se le puede poseer con dinero.

Pero tienen que tener totalmente claro que el caso de sus esposas tampoco es muy diferente. Una prostituta es como un taxi y la esposa es como un coche privado, es un trato permanente. Los pobres no pueden hacer tratos permanentes, tienen que utilizar taxis. Los ricos sí pueden hacer tratos permanentes, pueden tener sus propios coches. Y cuanto más dinero tienen, más coches pueden tener. Yo sé de una persona que tiene trescientos sesenta y cinco coches, uno para cada día del año. Y uno de ellos es de oro macizo...

El dinero es poder, y el poder puede comprar cualquier cosa. Así pues, no estás equivocado al decir que entre el sexo y el dinero hay alguna conexión.

Hay una cosa más que debes entender. Los que reprimen el sexo se vuelven más interesados en el dinero, porque el dinero se convierte en un sustituto del sexo. El dinero se convierte en su amor. Observa a las personas codiciosas, a los maníacos del dinero, cómo tocan los billetes de cien dólares; ¡los tocan como si estuviesen acariciando a su persona amada! Cómo miran el oro, observa sus ojos, tan romántico, incluso haría palidecer a grandes poetas. El dinero se ha convertido en su amor, en su Dios. En la India, la gente incluso adora el dinero, dinero real, billetes y monedas, rupias, lo adoran. ¡Gente inteligente haciendo cosas estúpidas!

El sexo se puede desviar por muchos caminos. Si se reprime, puede convertirse en ira. Por eso, el soldado tiene que ser privado de sexo, para que su energía se convierta en ira, en irritación, en destructividad y pueda ser más violento que nunca. El sexo puede ser desviado en ambición. Reprime el sexo y, una vez que lo hayas hecho, dispondrás de energía, podrás canalizarla en cualquier dirección. Puede transformarse en una búsqueda de poder político, en una búsqueda de más dinero o de fama, de respetabilidad, de ascetismo, etcétera.

El hombre sólo tiene una energía; esa energía es sexo. En tu interior no hay varias energías. Y esa única energía ha sido utilizada para todo tipo de impulsos. Es una energía tremendamente potente.

La gente persigue el dinero porque tiene la esperanza de que, cuando tengan más, podrán tener más sexo. Podrán tener mujeres u hombres mucho más hermosos, y una variedad mucho más extensa. El dinero les proporcionará libertad de elección.

La persona sexualmente libre, cuya sexualidad se ha convertido en un fenómeno transformado, también es libre del dinero, libre de la ambición, del deseo de ser famoso. Todas esas cosas desaparecen de su vida inmediatamente. En cuanto la energía sexual empieza a ascender hacia arriba, en cuanto empieza a convertirse en amor, en meditación, todas las manifestaciones inferiores desaparecen.

Pero el sexo y el dinero están profundamente asociados. En tu idea hay algo de verdad.

> En un prostíbulo de lujo se oye gritar al pequeño y arrugado cliente desde el piso de arriba: «¡No! ¡Así no! Lo quiero a mi manera, como lo hacemos en Brooklyn. ¡Olvídalo! ¡O lo hacemos a mi manera o nada!».
>
> La madrota sube las escaleras e irrumpe en la habitación de la chica. «¿Qué está pasando, Zelda? —le dice—. Haz lo que él quiere.»
>
> En cuanto se marcha la madrota, la chica se tumba, y el hombre le hace el amor de una forma totalmente rutinaria. Ella se sienta, se pone la bata, enciende un cigarrillo y le dice: «Así que ésa es tu manera, ¿eh, Hymie?».
>
> «Eso es», contesta él orgulloso desde la cama.
>
> «¿Así es como lo haces en Brooklyn?»
>
> «¡Exacto!»

«¿Y qué tiene de diferente?»

«Que en Brooklyn no me cuesta nada.»

La gente puede obsesionarse mucho con el dinero, tanto como con el sexo. La obsesión se puede desviar hacia el dinero. Pero el dinero te proporciona el poder adquisitivo para comprar cualquier cosa. No puedes comprar amor, claro, pero puedes comprar sexo. El sexo es un artículo de consumo; el amor no lo es.

La devoción no se puede comprar, pero los sacerdotes sí. Los sacerdotes son artículos de consumo; la devoción no lo es. Aquello que se puede comprar es ordinario, mundano. Aquello que no se puede comprar es sagrado. Recuerda que lo sagrado está fuera del alcance del dinero; lo mundano siempre está bajo el poder del dinero. Y el sexo es la cosa más mundana que hay en el mundo.

Un hombre entra en un moderno prostíbulo que ocupa varias plantas de un hotel, en Chicago, dirigido por el sindicato del crimen, que intentaba modernizar su imagen. El hombre es recibido por una encantadora joven recepcionista con un uniforme muy sexy que lo invita a sentarse al otro lado de un escritorio de teca y le pregunta cuánto dinero se quiere gastar. Le explica que los precios oscilan desde cinco dólares hasta mil, dependiendo de la calidad y el número de chicas. «Aquí, en la pantalla del intercomunicador, lo puede ver», le dice. En las plantas inferiores están los precios más caros, los techos son más altos y hay espejos sobre las camas, y con tres o cuatro chicas a la vez, etcétera. Y según van bajando los servicios, van bajando los precios, hasta llegar a cinco dólares por una «mujer realmente vieja y fea», en palabras de la encantadora joven recepcionista.

El cliente se lo piensa. «¿No tienes nada más barato de cinco dólares?», pregunta finalmente. «Por supuesto —le dice la recepcionista—. La terraza del ático en la séptima planta, a dólar por servicio. Autoservicio».

No hay duda de que el dinero está asociado al sexo. Porque el sexo se puede comprar. Y todo lo que se puede comprar forma parte del mundo del dinero.

Recuerda una cosa: si sólo conoces cosas que se puedan comprar, si sólo conoces cosas que se puedan vender, tu vida siempre estará vacía. Si sólo te relacionas con artículos de consumo, tu vida siempre será completamente fútil. Familiarízate con cosas que no se puedan comprar ni vender y entonces, por primera vez, te empezarán a crecer alas; por primera vez empezarás a volar alto.

Un gran rey, Bimbisara, fue a ver a Mahavira. Había oído que este último había alcanzado la iluminación, el *samadhi*. En terminología jainista, *samayic* es el estado supremo de meditación. Bimbisara, que lo tenía todo en este mundo, se empezó a preocupar: «¿Qué es eso del *samayic*? ¿Qué es eso del *samadhi*?». No podía estar tranquilo, porque ahora, por primera vez, había descubierto que había algo que él no tenía, y era de ese tipo de hombres que no se conforman sin conseguir todo aquello con lo que se encaprichan.

Viajó a las montañas, encontró a Mahavira y le dijo: «¿Cuánto quieres por tu *samayic*? He venido a comprarlo. Puedo darte cualquier cosa que desees, pero dame este *samayic*, este *samadhi*, esta meditación. ¿De qué se trata? ¿Dónde está? ¡Déjame verlo enseguida!».

Mahavira se sorprendió por la gran estupidez del rey, pero era un hombre muy cortés, gentil, lleno de gracia. Dijo: «No habría sido necesario que hicieras un viaje tan largo. En tu propia capital, tengo un discípulo que ha alcanzado el mismo estado, y es tan pobre que a lo mejor accede a venderlo. Yo no lo vendo, no necesito dinero. Como puedes ver, voy desnudo, ni siquiera necesito ropa, estoy plenamente satisfecho, no tengo ninguna necesidad, así que, ¿qué haría con tu dinero? Aunque me ofrecieras el reino entero, no lo aceptaría. Ya tuve mi propio reino y renuncié a él. ¡Tuve todo lo que tú tienes!».

Y Bimbisara sabía que era verdad, que Mahavira lo había tenido todo y había renunciado a todo, así que sería muy difícil persuadirle de que lo vendiera. Era obvio que el dinero no significaba nada para él. Así pues, dijo: «De acuerdo, ¿quién es ese hombre? Dame su dirección».

Mahavira le dijo: «Es un hombre muy pobre, vive en el barrio más pobre de tu ciudad. Puede que nunca lo hayas visitado. Ésta es su dirección... ve y pregúntale. Él es tu hombre. A lo mejor te lo vende, está muy necesitado. Tiene mujer y muchos hijos y son realmente pobres».

Era una broma. Bimbisara regresó feliz, fue directamente al barrio de su capital que no había visitado nunca. La gente no se podía creer lo que estaba viendo: el carro de oro de Bimbisara y miles de soldados que le escoltaban.

Se detuvieron delante de la chabola de un pobre. El hombre pobre se acercó, tocó los pies del rey y dijo: «¿Qué puedo hacer por ti? Dime».

El rey dijo: «He venido a comprar eso que llaman *samadhi*, meditación, y estoy dispuesto a pagar el precio que me pidas».

El pobre comenzó a llorar y con lágrimas cayéndole por las mejillas, le dijo: «Lo siento. Te puedo dar mi vida, puedo morir por ti en este mismo momento, me puedo cortar la cabeza, pero ¿cómo podría darte mi *samadhi*? No es vendible, no es comprable, no es un artículo de consumo. Es un estado de conciencia. Mahavira debe haber estado bromeando contigo».

A no ser que hayas conocido algo que no se pueda vender ni comprar, a no ser que hayas conocido algo que esté fuera del alcance del dinero, no habrás conocido la vida real. El sexo no está fuera del alcance del dinero; el amor, sí. Transforma tu sexo en amor, y tu amor en meditación, para que un día incluso reyes como Bimbasara puedan tenerte envidia. Conviértete en un Mahavira, un Buda, conviértete en un Cristo, un Zoroastro, un Lao Tzu. Sólo entonces, habrás vivido; sólo entonces, habrás conocido los misterios de la vida.

El dinero y el sexo son lo más bajo, y la gente sólo está viviendo en el mundo del dinero y el sexo.

Creen que están viviendo, pero en realidad no están viviendo, sólo están vegetando, sólo están muriendo. Eso no es vida. La vida tiene muchos más campos que revelar, un infinito tesoro que no es de este mundo. Y ni el sexo ni el dinero te lo pueden proporcionar. Pero puedes conseguirlo. Puedes utilizar tu energía sexual para conseguirlo, y puedes utilizar el poder de tu dinero para conseguirlo. Por supuesto, no se puede conseguir por medio del dinero o del sexo, pero puedes utilizar tu energía sexual y el poder de tu dinero, hábilmente, para crear un espacio en el que el más allá puede descender.

No estoy en contra del sexo ni en contra del dinero, recuérdalo. ¡Recuérdalo siempre! Pero estoy claramente a favor de ayudarte a trascenderlos, estoy claramente a favor de trascender.

Utilízalo todo como un paso. No niegues nada. Si tienes dinero, te resultará más fácil meditar que si no lo tienes. Puedes dedicarte más tiempo a ti mismo. Puedes tener un pequeño templo en tu casa; puedes tener un jardín, rosales, donde la meditación será más fácil. Puedes permitirte unas vacaciones en la montaña, puedes aislarte y vivir sin preocupaciones. Si tienes dinero, utilízalo para algo que, aunque el dinero no pueda comprar, pueda crear un espacio para ello.

La energía sexual es un desperdicio si queda confinada al sexo, pero se convierte en una gran bendición si empieza a transformar su cualidad. No entres en el sexo por el mero sexo, utilízalo como una comunión de amor, como un encuentro entre dos almas, no sólo entre dos cuerpos. Utiliza el sexo como una danza meditativa de las energías de dos personas. La danza es mucho más completa cuando un hombre y una mujer danzan juntos, y el sexo es la danza suprema: dos energías encontrándose, fusionándose, danzando, gozando.

Pero utilízalo como una palanca, como un trampolín. Y cuando alcances el clímax de tu orgasmo sexual, sé consciente de lo que está ocurriendo, y te sorprenderás. El tiempo desaparece, la mente desaparece, el ego desaparece. Durante un momento existe un silencio total. El silencio es lo real.

Este silencio también se puede alcanzar por otros medios, y sin desperdiciar tanta energía. Este silencio, esta ausencia de mente, esta ausencia de tiempo, se puede conseguir por medio de la meditación. De hecho, si alguien entra conscientemente en su experiencia sexual, tarde o temprano se convertirá en un meditador. Su conciencia de la experiencia sexual seguro que hará que se dé cuenta de que eso mismo puede ocurrir sin necesidad alguna de sexualidad. Lo mismo puede ocurrir simplemente sentándote en silencio, sin hacer nada. La mente puede ser abandonada, el tiempo puede ser abandonado, y en cuanto abandonas la mente, el tiempo y el ego, te vuelves orgásmico.

El orgasmo sexual es muy efímero, y cualquier cosa que sea efímera trae consigo frustración, desdicha, infelicidad, tristeza y arrepentimiento. La cualidad de ser orgásmico puede tornarse una continuidad en ti, un *continuum*; puede llegar a ser tu sabor. Pero eso sólo es posible a través de la meditación, no a través del simple sexo.

Utilicemos el sexo, el dinero, el cuerpo, el mundo, pero tenemos que llegar más allá. Que la meta siempre sea el más allá.

Durante años, me he arriesgado repetidamente a vivir por encima de mis ingresos y, hasta ahora, además de sobrevivir, a veces he sido inmensamente feliz. Pero desde mi reentrada en la sociedad, y habiendo cumplido cuarenta y ocho años, he empezado a preocuparme y a pensar en el seguro médico y en empezar a ahorrar.

¿Qué significa vivir en la sociedad sin caer en las trampas mentales de buscar estabilidad, perdiéndose así el crecimiento en confianza que se puede dar en un estado de inseguridad?

Lo primero que hay que entender es que la vida *es* inseguridad. No existe ningún seguro contra la muerte. Y cuanto más protegida y segura haces tu vida, más árida y desértica se vuelve.

Inseguridad significa que tienes que mantenerte despierto, alerta a todos los peligros. Y la vida siempre camina sobre el filo de la navaja. La idea de estar seguro y protegido es peligrosa, porque entonces no necesitas estar alerta y consciente. De hecho, si quieres seguridad y protección es para no tener que estar alerta y consciente.

Vive momento a momento con toda la inseguridad que hay. Los árboles están viviendo, los pájaros están viviendo, los animales están viviendo; ellos no saben qué es la inseguridad, no saben qué es la seguridad. No les importa, por eso pueden cantar cada mañana.

Tú no puedes hacerlo. ¡Puede que no hayas cantado ninguna mañana! Tus noches están llenas de pesadillas de inseguridad y de peligros que rondan por todas partes. Por la mañana no te despiertas con alegría, te despiertas para enfrentarte de nuevo a las inseguridades de la vida, a sus problemas y ansiedades.

Pero escucha a los pájaros, no creo que hayan perdido nada. Fíjate en los ciervos, en su belleza y agilidad, fíjate en los árboles, que pueden ser talados en cualquier momento. Pero a ellos eso no les importa; lo que les importa es el momento. No el siguiente momento, sino *este* momento, en el que todo es júbilo, todo es paz. Todo es verde y todo es jugoso.

Puedo entender que has llegado a una edad madura. Y cuando uno llega a la madurez se da cuenta de que la muerte se está acercando. Pero no hay forma de evitarla, y si no puedes evitarla —y no ha habido nadie capaz de hacerlo—, lo mejor es no preocuparse por ella. Lo que haya de ocurrir ocurrirá, así que, ¿por qué estropear tu momento presente por algo que todavía no ha ocurrido? Antes de preocuparte por ello, deja que ocurra.

Antes deja que ocurra la muerte; luego, en tu tumba, tendrás la eternidad para preocuparte por tu seguridad. ¡De hecho, ya no tendrás que preocuparte de nada más! Te puedes pasar las veinticuatro horas del día dando vueltas en tu tumba, es absolutamente privada y segura. Ni siquiera puedes salir de ella, y nadie puede entrar. La tumba es el único lugar donde uno está absolutamente seguro; donde no le ocurre nada.

Cuanto más vivo estés, más amarás la inseguridad, y tu inseguridad aguzará tu inteligencia, intensificará más tu alerta y hará que tu conciencia crezca continuamente.

¿Te has fijado en que los grandes científicos casi nunca proceden de familias ricas? Tampoco los grandes poetas o los grandes místicos. Las familias ricas no han contribuido mucho al desarrollo del crecimiento de la conciencia humana. ¿A qué se debe? A que un niño que nace con una cuchara de oro en la boca no necesita preocuparse por la seguridad, todo su entorno es seguro. Naturalmente, eso le embota la mente. No tiene ningún reto, siempre está rodeado de criados, de comodidades, de lujos. Ni siquiera tiene tiempo para pensar en la conciencia, la alerta, la meditación.

Una limosina Rolls Royce se detuvo a la puerta de un hotel de California y la mujer que la ocupaba le dijo al portero: «Llame a algunos mozos, para que lleven a mi hijo a la habitación».

El portero se sorprendió, pero sintió mucha lástima por el pobre niño, pensó que no podría andar. Aunque parecía completamente sano... demasiado gordo, sin duda, pero algo le tenía que pasar porque ésta era la primera vez que alguien tenía que ser cargado. Y el niño no tendría más de diez años. Así que llamaron a cuatro mozos para que cargaran al niño, y ellos también sintieron curiosidad. Le preguntaron al niño: «¿No puedes caminar? ¿Tienes algún problema?».

Él contestó: «No hay ningún problema, claro que puedo caminar. Pero no necesito hacerlo, puedo permitirme que me lleven. Sólo los pobres caminan. Si puedo permitirme que me lleven a cuestas a mi habitación, ¿por qué iba a comportarme como un pobre?».

Los mozos no se pudieron contener y le dijeron a la madre: «Esto no está bien». Ella les contestó: «No es asunto suyo. Cada vez que el niño tenga que ir a alguna parte, llévenlo hasta el coche. Cuando regrese, llévenlo hasta la habitación. Es mi niño, mi único niño, y tengo que proporcionarle todos los lujos, todas las comodidades posibles. No se preocupen, podemos permitírnoslo; se les pagará lo que haga falta».

¿Acaso a este niño se le puede ocurrir siquiera volverse meditativo, consciente, alerta? ¿Acaso puede surgir en él la idea de buscar la verdad siquiera? No, permanecerá como un vegetal.

No hace muchos años había *hippies* por todo el mundo, todos tenían menos de treinta años. Y ocurrió un fenómeno extraño, pero nadie se fijó en él... ¿dónde se metieron todos esos *hippies* después de los treinta años? Empezaron a preocuparse por su seguridad. Media vida se había ido, la disfrutaron a tope, pero ahora llegaría la vejez y la muerte. Se olvidaron por completo de la filosofía de los *hippies*, de no bañarse, no afeitarse, no cepillarse los dientes, y empezaron a comportarse con toda normalidad, a bañarse, a afeitarse y a cepillarse los dientes. Se pusieron a trabajar, y lo hicieron eficientemente, en oficinas, en fábricas, y todos desaparecieron.

Cuando uno se va volviendo viejo empieza a sentir cómo la sombra de la muerte va cayendo sobre sí mismo; y eso es lo que causa el miedo. Pero en lo que a un buscador, a un meditador respecta, la muerte no existe.

Si sigues sintiendo miedo a la muerte y a los peligros venideros, es señal de que no estás profundizando en tu meditación; para ti, la meditación sólo ha sido una moda.

Deberías entrar en meditación de una forma sincera y auténtica ahora mismo porque ése es el único espacio que puede liberarte de todos los miedos: de la muerte, la vejez y la enfermedad.

Te da conciencia de que no eres ni el cuerpo ni la mente, y de que no eres sólo esta vida, eres vida eterna. La muerte ha ocurrido muchas veces y todavía sigues vivo, y la muerte volverá a ocurrir muchas veces, y todavía seguirás vivo.

La conclusión final de la meditación es vivir el momento en su totalidad, intensa y dichosamente, porque no hay nada que temer; porque incluso la muerte es una ficción. No se necesita ninguna seguridad. Vive momento a momento, confiando en la existencia como lo hacen los pájaros, como lo hacen los árboles. No te separes de la existencia. Hazte parte de la existencia y ella te cuidará, ya te está cuidando.

Un representante comercial, al completar su viaje antes de lo esperado, le envió a su mujer un telegrama: «Regreso casa viernes».

Al llegar a casa, se encontró a su mujer con otro hombre en la cama. Como no era una persona violenta, se quejó con su suegro, y éste le dijo: «Estoy seguro de que tiene que haber una explicación».

Al día siguiente el suegro apareció con una gran sonrisa. «Había una explicación: no recibió tu telegrama.»

Así es como se comporta la mente: si la observas a fondo, la mente es simplemente estúpida; *todas* las mentes. La mente va creando toda clase de preocupaciones y tribulaciones. Mi mensaje para ti es que tú no eres la mente. No necesitas ninguna explicación, necesitas una experiencia, una experiencia que no has tenido; de ahí surge el problema.

No hagas mucho caso de lo que la mente diga o piense, ríete de ello. Evita tus juegos mentales. Ve más allá de la mente, donde sólo prevalece el silencio... sin inseguridad, sin preocuparse por la seguridad. En ese silencio, todo es seguro.

Formas parte de esta existencia. Tu preocupación es como si una hoja de un árbol se preocupara por la seguridad. El árbol se está ocupando de todo, proporcionándole todo el alimento a la hoja, llevándole agua, a pesar la fuerza de gravedad, muy arriba, hasta cuarenta o cincuenta metros del suelo. La hoja no se preocupa. La hoja no es consciente de que sólo es una parte de un enorme árbol.

Tú formas parte de una enorme existencia. Deja de considerarte algo separado y tus problemas desaparecerán inmediatamente. En otras palabras, tu ego es el único problema.

«Yo soy», ése es el único problema.

«Yo no soy, la existencia es», ésa es la única solución.

▪ **¿Puedes comentar más acerca de los poderosos sentimientos que existen en torno al dinero? Parece que están profundamente arraigados en toda la gente.**

Es una pregunta muy significativa.

La riqueza puede proporcionarte todo lo que se puede comprar en la vida. Y casi todas las cosas se pueden comprar, excepto las que tienen valor espiritual: el amor, la compasión, la iluminación, la libertad. Pero sólo son una pequeña excepción, y las excepciones siempre confirman la regla. Todo lo demás se puede comprar con dinero. Y dado que todas las religiones se habían mostrado contrarias a la vida, era normal que también fueran contrarias al dinero, es una consecuencia natural. La vida necesita dinero porque necesita comodidades; la vida necesita buenos alimentos; la vida necesita buenas ropas, buenas casas. La vida necesita literatura hermosa, música, arte, poesía. ¡La vida es inmensa!

Porque la persona que no puede entender la música clásica es pobre, está sorda. Puede que oiga, puede que sus oídos, su nariz, todos sus sentidos estén bien desde un punto de vista médico, pero metafísicamente...

¿Puedes apreciar la belleza de la gran literatura, como *El libro de Mirdad*? Si no es así, estás ciego. He conocido a personas que ni siquiera habían oído hablar de *El libro de Mirdad*. Y si tuviera que hacer una lista de los mejores libros, sería el primero. Pero apreciar su belleza requiere una gran disciplina. Sólo aprendiendo se puede entender la música clásica, y requiere un largo aprendizaje. No es como la música pop, que no lo requiere. Encontrarás mejor música en una cascada o cuando el viento sopla entre los pinos o, simplemente, en los sonidos que se produzcan cuando camines por el bosque sobre las hojas secas en otoño. Pero, para entender eso, tendrás que estar liberado del hambre, liberado de la pobreza, liberado de toda clase de prejuicios.

Por ejemplo, algunas religiones han prohibido la música. Y con ello, han privado al hombre de una gran experiencia.

Ocurrió en Nueva Delhi... Uno de los más poderosos emperadores, Aurangzeb, ostentaba el trono. ¡Y no sólo poderoso, también era realmente terrible! Hasta él, los emperadores musulmanes habían declarado la música contraria al islam, pero sólo habían llegado hasta ahí; Delhi estaba llena de músicos.

Pero Aurangzeb no era un caballero, sino un verdadero déspota. Declaró que si en Delhi se oía alguna música, el músico sería inmediatamente decapitado. Y como Delhi llevaba miles de años siendo la capital, albergaba a miles de genios.

Cuando Aurangzeb hizo esta declaración, todos los músicos se reunieron y dijeron: «¡Hay que hacer algo, esto es demasiado! Antes sólo decían que la música era contraria al islam, eso era aceptable. ¡Pero este hombre es peligroso, empezará a matarnos!». Así que en señal de protesta todos los músicos, que se contaban por miles, marcharon al palacio de Aurangzeb.

Él salió al balcón y le preguntó a la gente: «¿Quién ha muerto?», porque llevaban un cadáver en una parihuela, como se suelen llevar los cadáveres camino del funeral en la India. No era un cadáver, sólo cojines puestos para simular un cuerpo. Aurangzeb preguntó: «¿Quién ha muerto?».

Y ellos respondieron: «La música. Y tú eres su asesino».

Aurangzeb dijo: «Está bien que haya muerto. Ahora, por favor, si son tan amables, caven la tumba lo más profunda que puedan para que nunca pueda volver a salir de ella». Esos miles de músicos y sus lágrimas no causaron ningún efecto en Aurangbez, él estaba en una misión «sagrada».

Los musulmanes reniegan de la música. ¿Por qué? Porque en Oriente la música era interpretada casi exclusivamente por hermosas mujeres. En Oriente, el significado de la palabra prostituta es muy diferente al de Occidente. En Occidente, la prostituta vende su cuerpo; en Oriente, en el pasado, la prostituta no vendía su cuerpo, vendía su genio, su danza, su música, su arte.

Te sorprenderá saber que todos los reyes indios solían mandar a los hijos que los sucederían a pasar unos años con célebres prostitutas, para aprender modales, gentileza, música, las delicias de la danza, porque un rey debe ser verdaderamente rico en todo. Debe entender de belleza, de lógica, de modales. Así era la antigua tradición india.

Los musulmanes la interrumpieron. La música era contraria a su religión. ¿Por qué? Porque para aprender música, había que entrar en un prostíbulo. Y el prostíbulo estaba lleno de risas, de canciones, de música, de danza. Simplemente lo prohibieron: «Ningún musulmán puede entrar en ningún lugar donde haya música; escuchar música es pecado». Y las demás religiones han hecho lo mismo, por distintas razones, pero todas han atacado la riqueza del hombre. Y su enseñanza más básica es que deberías renunciar al dinero.

Tiene su lógica. Si no tienes dinero, no puedes tener ninguna otra cosa. En lugar de podar las ramas, estas religiones han estado cortando las raíces. Un hombre sin dinero pasa hambre, es un mendigo, no tiene ropas. De él no se puede esperar que entienda a Dostoievski, a Nijinsky, a Bertrand Russell o a Albert Einstein, no; es imposible. Todas las religiones juntas han empobrecido al máximo al hombre. Han condenado tanto el dinero y elogiado tanto la pobreza que, para mí, son los mayores criminales que ha conocido el mundo.

Fíjate en lo que dice Jesús: Es más fácil que un camello pase a través del ojo de una aguja que un rico pase a través de las puertas del cielo. ¿Te parece cuerdo este hombre? Está dispuesto a aceptar que un camello pase por el ojo de una aguja, algo que es absolutamente imposible, pero acepta que incluso esa imposibilidad se vuelva posible. Pero ¿un rico entrando en el paraíso? Eso es mucho más imposible; no hay ninguna posibilidad de hacer que sea posible.

La opulencia es condenada. La riqueza es condenada. El dinero es condenado. El mundo ha quedado dividido en dos partes. El 98 por ciento de la gente vive en la pobreza, ellos serán recibidos por los ángeles tocando sus arpas: «¡Aleluya...! ¡Bienvenidos!».

El 2 por ciento restante vive con una enorme culpa por ser rico. La culpa no les deja disfrutar de sus riquezas y, en el fondo, tienen miedo de que no se les permita acceder al paraíso. Así que están en un dilema. La riqueza les produce culpa, y no serán consolados por Dios porque, como no han sufrido, como han tenido muchas cosas en la tierra, no entrarán en el paraíso. En lugar de ello, serán condenados al infierno.

Por estas circunstancias, el rico vive en un estado de miedo. Aunque esté disfrutando algo, o intentando disfrutarlo, su culpa lo envenena. Aunque esté haciendo el amor con una hermosa mujer, sólo el cuerpo está haciendo el amor. Él está pensando en el paraíso, al que están entrando los camellos y en el que él se queda fuera y no tiene forma de entrar. ¿Cómo va a poder hacer el amor un hombre así? Aunque tome los mejores alimentos, no podrá disfrutarlo. Sabe que esta vida es corta y que después no hay más que oscuridad y fuego infernal. Vive en paranoia.

El pobre ya está viviendo en el infierno, pero tiene consuelo. Es frecuente que en los países pobres la gente viva más contenta que en los países ricos. En la India he visto a la gente más pobre sin el más mínimo signo de insatisfacción, mientras que los americanos van por todo el mundo intentando encontrar alguna guía espiritual, es natural, no quieren ser inferiores a los camellos; ¡quieren atravesar las puertas del cielo! Quieren hallar algún modo, como el yoga o algún ejercicio que los ayuden a cruzarlas.

Este mundo entero ha sido puesto en contra de sí mismo.

Yo siento respeto por el dinero, por la riqueza, porque puede hacerte rico multidimensionalmente.

Un pobre no puede entender a Mozart; un hombre famélico no puede entender a Miguel Ángel. Un mendigo ni siquiera puede ver los cuadros de Vincent van Gogh. Y esas personas famélicas no tienen la suficiente energía para permitirles crecer en inteligencia. La inteligencia sólo crece cuando hay sobreabundancia de energía, y ellos quedan exhaustos sólo con ganarse el pan. No les queda suficiente energía para desarrollar su inteligencia. No pueden entender *Los hermanos Karamazov*; a lo máximo que llegan es a escuchar a algún estúpido cura en una iglesia.

Ni el cura ni su audiencia entienden de lo que está hablando. La mayoría de ellos se quedan profundamente dormidos, cansados después de seis días de trabajo. Y para el cura es más cómodo que todo el mundo se quede dormido porque no necesita prepararse un nuevo sermón. Puede seguir utilizando el mismo. Todo el mundo se queda dormido, nadie se da cuenta de que los está engañando.

La riqueza es tan importante como la buena música, como la gran literatura, como las obras maestras de arte.

Hay personas que nacen con un don especial para la música. Mozart empezó a interpretar música a los ocho años. A esa edad, los otros grandes maestros de la música ni se acercaban a su nivel. Es obvio que nació con ese don.

Vincent van Gogh no recibió educación, no conoció escuela de arte alguna, pero se convirtió en uno de los pintores más importantes del mundo, aunque en toda su vida no fue capaz de vender ni un solo cuadro. En la actualidad sólo existen doscientos cuadros de Vincent van Gogh; pintó miles de ellos pero, en ocasiones, los daba a cambio de un paquete de cigarrillos, o de comida o una taza de té. Ahora, cada uno de sus cuadros vale millones de dólares. ¿Qué ocurrió? ¿Por qué la gente no podía entender sus pinturas? Porque entender sus pinturas requiere una gran inteligencia.

Hace sólo unos días vi una fotografía de uno de sus cuadros, por el que recibió la burla de todos los pintores, por no hablar de los profanos, porque pintó las estrellas de un modo que nadie las había visto, como nebulosas, todas las estrellas en movimiento, como una rueda que gira continuamente. ¿Quién ha visto las estrellas así? Incluso los demás pintores le decían: «Te estás volviendo loco, ¡eso no son estrellas!». Y, además, los árboles que pintaba bajo las estrellas se elevan por encima de ellas. Las estrellas quedan muy por debajo, los árboles las sobrepasan ampliamente. ¿Quién ha visto árboles así? ¡Qué locura!

Pero hace unos días vi una fotografía que demuestra que Van Gogh tenía razón: las estrellas no son como parecen; son, exactamente, como las pintaba él. ¡Pobre Van Gogh! Qué ojos debe haber tenido ese hombre para ver lo que los físicos no pudieron ver hasta cien años más tarde, con todos sus grandes laboratorios y tecnologías. Vincent van Gogh, por extraño que parezca, averiguó la forma exacta de las estrellas simplemente con sus ojos. Están girando, son derviches girando. Aunque parezcan estáticas, no lo son.

Y cuando la gente le preguntaba por sus árboles: «¿Dónde has visto estos árboles que se elevan por encima de las estrellas?». Él contestaba:

«Éstos son los árboles que he visto, sentado a su lado, escuchando sus ambiciones. He oído a los árboles y me han dicho que la ambición de la tierra es llegar a las estrellas».

Quizá los científicos necesiten algunos siglos más para descubrir que los árboles son realmente la ambición de la tierra. Una cosa es segura, los árboles crecen en contra de la gravedad. La tierra les permite crecer en contra de la fuerza de la gravedad, apoyándolos, ayudándolos. Quizá la tierra quiera comunicarse con las estrellas. La tierra está viva, y la vida siempre quiere elevarse más y más y más. Sus aspiraciones no tienen límite.

¿Cómo van a entender esto los pobres? No tienen la inteligencia.

Me gustaría recordarte que, al igual que hay poetas natos, pintores natos, también hay creadores de riqueza natos. Nunca se les ha apreciado. Y no todo el mundo es un Henry Ford, ni puede serlo.

Henry Ford nació pobre y acabó siendo el hombre más rico del mundo. Debe haber tenido algún talento especial, algún don especial para producir dinero, para producir riqueza. Y la riqueza es mucho más difícil de crear que un cuadro, o una pieza musical, o una poesía. Crear riqueza no es una tarea fácil. Henry Ford debería ser loado igual que cualquier maestro músico, novelista, poeta. De hecho, en cierto modo, debería ser más elogiado, porque con su dinero se puede comprar la poesía, la música y las esculturas.

Yo respeto el dinero. El dinero es uno de los grandes inventos del hombre. No es más que un medio. Sólo los estúpidos lo han condenado; a lo mejor es porque tenían envidia de que otros tuviesen dinero y ellos no. La envidia era la verdadera causa de su condena.

El dinero no es más que un modo científico de intercambiar cosas. Antes de que existiera el dinero, a la gente le resultaba muy difícil. Se utilizaba el sistema del trueque. Si alguien tenía una vaca y quería conseguir un caballo, debía ser una tarea que le podía tomar toda la vida... Tendría que encontrar a un hombre que quisiera vender un caballo y comprar una vaca. ¡Difícil tarea! Puede que encontrase a alguien que tuviera caballos pero que no estuviera interesado en comprar vacas. Puede que encontrara a alguien que quisiera comprar vacas pero no tuviera caballos.

Así estaban las cosas antes de que existiera el dinero. Es natural, si la gente no podía vender cosas, tenía que ser pobre. El intercambio era una tarea muy ardua, y el dinero la hizo muy sencilla. El hombre que quiere cambiar su vaca no necesita encontrar a alguien que quiera cambiarla por un caballo. Simplemente, puede vender la vaca, y con el dinero, encontrar a alguien que quiera vender un caballo, aunque no quiera una vaca.

Cuando el dinero se convirtió en el método de intercambio, el sistema de trueque desapareció del mundo. El dinero le ha prestado un gran servicio a la humanidad. Y, naturalmente, al poder comprar y vender, la gente empezó a hacerse cada vez más rica.

Esto se tiene que entender. Cuanto más se mueve el dinero, más dinero hay. Por ejemplo, si tengo un dólar... sólo es un ejemplo, no lo tengo; no tengo ni un céntimo. ¡Ni siquiera tengo bolsillos! Es algo que me preocupa algunas veces, si tuviera un dólar, ¿dónde lo iba guardar?

Pero, por ejemplo, si tengo un dólar y me lo guardo, entonces en esta sala sólo habría un dólar. Pero si compro algo y el dólar pasa a otra persona, yo obtengo el valor de un dólar, que disfrutaré. El dólar no te lo puedes comer. ¿Cómo vas a disfrutarlo guardándotelo? Sólo puedes disfrutarlo gastándotelo. Yo lo disfruto; y el dólar llega a otra persona, pero si se lo guarda, sólo habría dos dólares: el que yo ya he disfrutado y el que tiene el tacaño que se lo ha guardado.

Pero si nadie se aferra a él y todo el mundo mueve el dólar lo más rápido posible, por ejemplo, si hay tres mil personas, se habrían utilizado, disfrutado, tres mil dólares. Y eso sólo en la primera vuelta. Si se diesen más vueltas habría más dólares. No estaría entrando nada; de hecho, sólo habría un dólar pero, con su propio movimiento, ese dólar se iría multiplicando.

El dinero debería ser una corriente, eso es lo que significa para mí, no sé lo que significa para los demás. Uno no debe guardárselo. En cuanto lo recibas, gástalo. No pierdas tiempo, porque durante todo ese tiempo estarás impidiendo que el dólar crezca, que se multiplique.

El dinero es un gran invento. Hace que la gente sea más rica, hace posible que la gente tenga cosas que no tiene ahora. Pero todas las religiones han estado en contra de él. No quieren que la humanidad sea rica; tampoco quieren que la humanidad sea inteligente, porque si la gente fuera inteligente, ¿quién iba a leer la Biblia?

Hace unos días, recibí la información de que un grupo ateo en Estados Unidos ha publicado la Biblia con ilustraciones. Esa Biblia será considerada pornográfica por todos los cristianos, por el gobierno. Más pornográfica que cualquier otra publicación, porque la Biblia contiene cantidad de pornografía... si te limitas a leerla no te darás cuenta. Pero ya les he hablado de Sodoma... En esta nueva Biblia han incluido imágenes de hombres y mujeres practicando sexo con animales. Hay adulterio, hay sodomía, hay violación. ¡En la Biblia hay de todo! En el mundo no ha habido ningún otro libro tan pornográfico como esta Biblia.

Pero esta nueva Biblia no introduce nada que no esté en la Biblia original, sólo la están ilustrando. Las imágenes se entienden mejor. Escuchar la palabra «violación» no significa nada, pero cuando ves una serie de imágenes de violaciones, entonces, de repente, te das cuenta. ¿Es esto una Biblia sagrada?

Las religiones nunca han querido que el hombre fuera inteligente, nunca han querido que el hombre fuera rico ni que el hombre disfrutara, porque los que sufren, los pobres, los poco inteligentes, son los clientes de las iglesias, las sinagogas, los templos y las mezquitas.

Deshazte de todas las ideas que te han impuesto acerca del dinero. Sé respetuoso con él. Produce riqueza, pues sólo cuando se ha generado riqueza se te abren otras dimensiones. Para el pobre, todas las puertas están cerradas.

Yo quiero que la gente sea lo más rica posible, que esté lo más acomodada posible.

cuatro

SUEÑOS Y REALIDADES

La mente sólo conoce el mundo del cambio. La mente sólo conoce el sueño, la ilusión. Una vida vivida a través de la mente es una vida de sueños. Y eso no significa que la realidad no sea real, no significa que la existencia sea un sueño. Simplemente significa que tu forma de verla es inconsciente, tu forma de verla es muy inestable, tu vacilación interior te proporciona un mundo de inestabilidad, de sueños. Alcanza la integridad interior. Alcanza la cristalización interior y todos los fenómenos inestables desaparecerán inmediatamente. De repente, estás cara a cara con lo real, lo sustancial.

¿Cómo puede uno deshacerse de los deseos sin reprimirlos?

Los deseos son sueños, no son realidades. No se pueden satisfacer ni reprimir. Para que algo pueda ser satisfecho, tiene que ser real; para que algo pueda ser reprimido, también tiene que ser real. Las necesidades pueden ser satisfechas y pueden ser reprimidas. Los deseos no pueden ser ni satisfechos ni reprimidos.

Intenta entender esto, porque es muy complejo.

Un deseo es un sueño. Entendiendo eso, desaparece, no hay necesidad de reprimirlo. ¿Qué necesidad hay de reprimir un deseo? Quieres hacerte famoso; esto es un sueño, un deseo, porque al cuerpo no le preocupa ser famoso. De hecho, el cuerpo sufre muchísimo cuando una persona se hace famosa. No te puedes hacer una idea de cómo sufre su cuerpo cuando una persona se hace famosa. No hay paz; la gente te molesta, te crea problemas continuamente por ser tan famoso. Los que son famosos siempre son prisioneros.

El cuerpo no necesita ser famoso; el cuerpo está perfectamente, no necesita esas tonterías. Necesita cosas simples como comida, como agua para beber; necesita un cobijo cuando hace demasiado calor o demasiado frío. Las necesidades del cuerpo son muy sencillas. El mundo está loco por los deseos, no por las necesidades. Pero la gente se vuelve loca, van acortando sus necesidades e incrementando sus deseos. Hay personas que quisieran dejar una comida al día, pero no pueden dejar su periódico, no pueden dejar de ir al cine, no pueden dejar de fumar. Pueden dejar la comida, las necesidades se pueden dejar, pero los deseos no. La mente se ha convertido en un déspota.

El cuerpo siempre es hermoso, recuérdalo. Ésta es una de las reglas básicas que yo te ofrezco, una regla incondicionalmente verdadera, absolutamente verdadera, categóricamente verdadera: el cuerpo siempre es hermoso. Lo feo es la mente. No es el cuerpo lo que hay que cambiar. No hay nada que cambiar en él. Es la mente. Y mente significa desear. El cuerpo tiene necesidades, y esas necesidades son reales.

Si quieres vivir, necesitas comida. La fama no es necesaria para vivir; el respeto no es necesario para estar vivo. No necesitas ser un gran hombre o un pintor muy famoso, conocido por todo el mundo. Para vivir no necesitas ganar un premio Nobel, porque el premio Nobel no satisface ninguna necesidad del cuerpo.

Si quieres dejar las necesidades, tendrás que reprimirlas, porque son reales. Si ayunas, tienes que reprimir tu hambre. Entonces, hay represión... y toda represión es mala porque toda represión es una lucha interior. Es como si quisieras matar al cuerpo, y el cuerpo es tu sostén, tu nave, lo que te llevará a la otra orilla. El cuerpo protege la semilla de lo divino, el tesoro, en tu interior, protegido. Para esa protección, el alimento, el agua, el cobijo y la comodidad son necesarios para el cuerpo, porque la mente no quiere ninguna comodidad.

Fíjate en los muebles modernos: no son en absoluto confortables, pero la mente dice: «Esto es moderno, ¿qué hacemos sentados en una silla vieja? El mundo ha cambiado y han llegado los muebles modernos». Los muebles modernos son realmente raros. No puedes quedarte sentado durante mucho tiempo en ellos; te sientes incómodo. Pero son modernos. La mente dice que hay que ser moderno porque, ¿cómo vas a estar pasado de moda? Tienes que estar a la moda.

La ropa moderna es incómoda, pero es moderna, y la mente dice que tienes que estar a la moda. El hombre ha hecho muchas cosas feas por la moda. El cuerpo no necesita nada: éstas son necesidades de la mente, y no puedes satisfacerlas, porque son irreales. Lo irreal es lo único que no puede ser satisfecho. ¿Cómo vas a satisfacer una necesidad irreal que, de hecho, no existe? ¿Para qué se necesita la fama? Medita sobre ello. Cierra los ojos y mira: ¿en qué parte del cuerpo se necesita, cómo le ayudará que seas famoso? ¿Tendrás más salud si eres famoso? ¿Tendrás más silencio y más paz si eres famoso? ¿Qué ganarás con ello?

Que tu criterio siempre sea el cuerpo. Cuando la mente quiera algo, pregúntale al cuerpo: «¿Tú qué dices?». Y si el cuerpo dice que es una tontería, déjalo. No hay represión en ello, porque se trata de algo irreal. ¿Cómo vas a reprimir algo que es irreal?

Cuando te levantas por la mañana y recuerdas un sueño, ¿tienes que reprimirlo o satisfacerlo? Porque en el sueño te habías convertido en el emperador del mundo entero. ¿Qué hacer entonces? ¿Deberías intentarlo? Porque si no, surge la cuestión: «Si no lo intentamos, es una represión». Pero un sueño es un sueño. ¿Cómo lo vas a reprimir? Un sueño desparece por sí solo. Sólo hay que darse cuenta. Sólo hay que saber que es un sueño. Cuando un sueño es un sueño y es reconocido como tal, desaparece.

Intenta discernir entre lo que es un sueño y lo que es una necesidad. La necesidad está orientada al cuerpo; el deseo no está orientado al cuerpo. No tiene raíces. No es más que un pensamiento flotante en la mente. Y casi siempre tus necesidades corporales vienen de tu cuerpo y tus necesidades mentales vienen de otros. Alguien se ha comprado un coche precioso, un coche importado, y surge tu necesidad mental. Quieres un coche igual, ¿cómo vas a vivir sin él?

El mulá Nasrudin iba conduciendo el coche y yo iba sentado a su lado. En cuanto entramos al barrio (era un caluroso día de verano), cerró todas las ventanillas del coche. Le pregunté: «¿Qué estás haciendo?».

Él me contestó: «¿Qué quieres, que todo el barrio se entere de que mi coche no tiene aire acondicionado?».

Ambos estábamos transpirando, el coche parecía un horno, pero ¿cómo vas a consentir que tus vecinos se enteren de que tu coche no tiene aire acondicionado? Esto es una necesidad mental. El cuerpo dice: «Déjalo. ¿Estás loco?». El cuerpo está transpirando, está diciendo: «¡No!». Escucha al cuerpo; no escuches a la mente. Las necesidades de la mente son creadas por los que te rodean; son tontas, estúpidas, idiotas.

Las necesidades corporales son hermosas, sencillas. Satisface tus necesidades corporales; no las reprimas. Si las reprimes, te irás volviendo cada vez más débil y enfermo. No te preocupes por las necesidades mentales; en cuanto sabes que algo es una necesidad mental... pero ¿es muy difícil saberlo? En absoluto, saber cuando se trata de una necesidad mental es sencillísimo. Simplemente, has de preguntarle al cuerpo; indagar en él; busca la raíz. ¿Tiene alguna raíz?

Parecerás necio. Todos tus reyes y emperadores son necios. Son payasos, obsérvalos, cubiertos con miles de medallas, ¡su aspecto es ridículo! Y para ello han estado sufriendo mucho tiempo. Para conseguirlo, han pasado muchas desdichas y aún son desdichados. Tienen que ser desdichados. La mente es la puerta al infierno, y esa puerta no es otra cosa que el deseo.

Mata los deseos; no los verás sangrar porque no tienen sangre. Pero si matas una necesidad, habrá una sangría. Si matas una necesidad, morirá una parte de ti. Si matas un deseo, no morirás. Todo lo contrario, te volverás más libre. Dejar los deseos aporta más libertad. Si puedes convertirte en una persona de necesidad y no de deseo, ya estás en el camino y el cielo no está lejos.

■ **Mi interés en tener una gran influencia en el mundo responde a mi intención de convertirlo en un lugar mejor. ¿Interesarse en la meditación y en el mundo interior significa que a uno ya no le interesan los problemas que afronta la humanidad? ¿No queda espacio para desarrollar las habilidades y talentos propios de uno?**

De hecho, hasta que no abandonas tus propios problemas, no puedes tener la perspectiva adecuada para entender los problemas del mundo. Tu propia casa es un desastre, en tu ser interior hay un gran desorden, ¿cómo vas a tener perspectiva para entender problemas enormes? Ni siquiera te has entendido a ti mismo, empieza por ahí, porque cualquier otro comienzo sería un comienzo equivocado.

Hay muchísima gente que tiene un estado mental de enorme confusión y decide ayudar a los demás y se propone plantear soluciones. Esta gente ha creado más problemas en el mundo de los que han solucionado. Ellos son los verdaderos revoltosos: los políticos, los economistas, los llamados servidores públicos y los misioneros. Ellos son los verdaderos revoltosos, todavía no han resuelto sus propias conciencias y están dispuestos a abordar a cualquiera y a resolver los problemas de todos los demás. Y, realmente, es una forma de eludir su propia realidad: no quieren afrontarla. Prefieren estar implicados en alguna otra parte con alguna otra persona, eso les proporciona una buena ocupación, una buena distracción.

Recuerda: el problema del mundo eres tú. *Tú* eres el problema, y hasta que *tú* no estés resuelto, todo lo que hagas complicará aún más las cosas. Primero, pon tu casa en orden, crea un cosmos donde ahora hay un caos.

Hay una antigua fábula india, una historia muy antigua pero muy interesante...

Un gran rey, aunque estúpido, se quejaba de que el áspero suelo le dañaba los pies, así que, para cubrir el áspero suelo, ordenó que todo el reino fuese alfombrado con piel de vaca. Cuando se enteró el bufón de la corte, que era un hombre sabio, se rió y dijo: «La idea del rey es absolutamente ridícula».

El rey se enteró de lo que había dicho, y ordenó que el bufón se presentara ante él. Con gran enfado, le dijo al bufón: «Si no me das una solución mejor, serás ejecutado».

El bufón le dijo: «Señor, cubra sus pies con piel de vaca». Y así es como aparecieron los zapatos.

No es necesario cubrir toda la tierra con piel de vaca; cubriendo tus pies, se cubre toda la tierra. Saber esto es el comienzo de la sabiduría.

Es cierto, existen problemas, estoy de acuerdo. Existen grandes problemas. La vida es un infierno. Hay sufrimiento, hay pobreza, hay violencia, emergen toda clase de locuras, eso es verdad, pero, incluso así, insisto en que el problema surge en el alma individual. El problema existe porque los individuos están en un caos. El caos total no es más que un fenómeno combinado: todos hemos vertido nuestro caos en él.

El mundo no es más que una relación; todos estamos relacionados los unos con los otros. Si estoy neurótico y estás neurótico, nuestra relación será aún más neurótica; no sólo se doblará, se multiplicará. Y como toda la gente está neurótica, el mundo es neurótico. Adolf Hitler no salió de la nada, nosotros le creamos. Vietnam no salió de la nada, nosotros lo creamos. Es nuestra pus saliendo; es nuestro caos cobrándose el peaje. Hay que empezar por ti: tú eres el «problema del mundo». Así pues, no eludas la realidad de tu mundo interior, eso es lo primero.

Preguntas: «¿Interesarse en la meditación y en el mundo interior significa que a uno ya no le interesan los problemas que afronta la humanidad?».

No, en realidad, sólo cuando eso ocurre, uno está verdaderamente interesado. Pero estarás interesado de una forma completamente distinta: mirarás las causas originarias del problema. Tal como eres, cuando estás interesado, lo estás en los síntomas. Cuando un Buda o un Cristo están interesados, lo están en el origen. Puede que no estés de acuerdo, porque no puedes ver el origen, sólo ves los síntomas. Un buda está interesado; él sabe dónde está el origen, e intenta tenazmente cambiarlo.

El origen es la pobreza, es la codicia. La pobreza es el resultado. Si sigues luchando con la pobreza no sucederá nada. El origen es la codicia; hay que desterrar la codicia. La guerra no es el problema, el problema es la agresividad individual. Aunque sigas yendo a manifestaciones, la guerra no cesará; no influyen en absoluto. Puede que te diviertas... a algunos les divierte; puedes verlos en cualquier manifestación. Los encontrarás en todas las protestas; van a manifestaciones por todo el mundo, protestando por todo. ¡Es divertido! Puede que tú también lo hayas disfrutado.

Cuando era niño, solía disfrutarlo mucho. Estaba en todas las marchas, hasta los ancianos de mi barrio empezaron a preocuparse. Me decían: «Estás en todas partes, ya sea una marcha comunista, un desfile socialista, del partido del Congreso o una manifestación anticomunista, ahí estás tú». Les dije: «Me gusta. La ideología política me da igual, pero me divierto mucho gritando; disfruto el ejercicio».

Puede que lo disfrutes, pero no cambia nada, la guerra continúa. Y si observas bien a los manifestantes, verás que la mayoría de ellos son personas muy agresivas, no verás paz en sus rostros. Están listos para luchar. Las manifestaciones por la paz en cualquier momento pueden tornarse en manifestaciones violentas. Son gente agresiva que, en el nombre de la paz, muestran su agresividad. Están dispuestos a luchar: si tuvieran el poder, si tuvieran la bomba atómica, la utilizarían para traer la paz. Eso es lo que dicen todos los políticos; dicen que luchan para que prevalezca la paz.

El problema no es la guerra, y los Bertrand Russell no servirán de nada. El problema es la agresividad en el individuo. La gente no está cómoda consigo misma, por eso tiene que existir la guerra; de no ser así, esa gente se volvería loca.

Cada década la humanidad requiere una gran guerra para que pueda descargarse de su neurosis. Puede que te sorprenda saber que, en la Primera Guerra Mundial, los psicólogos se dieron cuenta de un fenómeno muy raro, muy extraño. Durante la guerra, el porcentaje de gente que se volvía loca descendió casi a cero. No había suicidios, había muy pocos asesinatos, y la gente incluso dejó de volverse loca. Qué extraño, ¿qué tiene que ver eso con la guerra? A lo mejor no se cometen asesinatos porque los asesinos se alistan en el ejército, pero, ¿y los suicidas? A lo mejor también se alistan, pero, ¿y los que se vuelven locos? ¿Cómo es que la gente deja de volverse loca? Y, más tarde, en la segunda guerra mundial, volvió a suceder lo mismo, en proporciones incluso mayores; entonces se confirmó el vínculo, se estableció la relación.

La humanidad va acumulando una determinada cantidad de neurosis y locura, y tiene que deshacerse de ella cada década. Así pues, cuando hay guerra —la guerra ocurre cuando la humanidad en general se ha vuelto loca—, no hace falta volverse loco individualmente. ¿Qué sentido tiene? Todo el mundo está loco, así que, intentar volverse loco individualmente no tiene sentido. Cuando una nación está asesinando a otra y hay tantos suicidios y asesinatos, ¿qué sentido tiene que tú mismo hagas esas cosas? Simplemente, puedes ver la televisión y disfrutar, puedes leerlo en los periódicos y sentir la emoción.

El problema no es la guerra, el problema es la neurosis individual.

La persona que se ha iluminado mira a las causas profundas de las cosas. Buda, Cristo y Krisna han mirado a los orígenes, y han estado intentando decirte: cambia el origen, hace falta una transformación radical; las pequeñas reformas no servirán de nada. Pero puede que no lo entiendas. Y como estoy aquí, sigo hablando de meditación, pero tú no puedes ver la relación. No ves cuál es la relación de la meditación con la guerra. Yo veo la relación, pero tú no la ves.

Estoy convencido de que, si el uno por ciento de la humanidad se volviese meditativo, las guerras desaparecerían. Y no hay otro modo de acabar con ellas. Hay que liberar esa cantidad de energía meditativa. Si el uno por ciento de la humanidad, es decir, una de cada cien personas, se volviese meditativo, las cosas serían completamente distintas.

Habría menos codicia y, naturalmente, menos pobreza. La pobreza no existe porque haya escasez; la pobreza existe porque la gente se dedica a acumular, porque la gente es codiciosa. Si vivimos en el ahora, hay suficiente; en la tierra hay suficiente para abastecernos. Pero planeamos para el futuro, acumulamos, y por eso surge el problema.

Imagínate a los pájaros acumulando... entonces, habría pájaros ricos y pájaros pobres; y los pájaros americanos serían los más ricos, y el resto de los pájaros sufrirían. Pero como no acumulan, no hay pobreza. ¿Has visto alguna vez a un pájaro pobre? En el bosque, los animales no son ricos o pobres. De hecho, ni siquiera se ven pájaros gordos y pájaros flacos. Todos los cuervos son casi idénticos; no se puede distinguir a uno de otro. ¿Por qué? Porque disfrutan, no acumulan. Incluso estar gordo significa que estás acumulando dentro del cuerpo, es señal de una mente miserable. Los míseros se vuelven estreñidos; no pueden ni evacuar sus residuos. Acumulan, controlan hasta la defecación, acumulan incluso basura. Acumular es un hábito.

Viviendo en el momento, en el presente, afectuosamente, en amistad, cuidando... el mundo sería totalmente distinto. El individuo tiene que cambiar, porque el mundo no es más que un fenómeno que proyecta el alma individual.

No, un meditador se interesará, sólo un meditador se interesará, pero su interés será de una dimensión diferente. Puede que ni siquiera seas capaz de entenderlo. La gente viene a mí y me dice: «¿Qué estás haciendo? Habiendo tanta pobreza y fealdad, y tú te dedicas a enseñar meditación. Déjalo. Haz algo por la gente». Pero por la pobreza no se puede hacer nada directamente. Lo único que se puede hacer es liberar energía meditativa para que la gente pueda disfrutar el momento; entonces, no habrá pobreza. El comunismo no acabará con la pobreza; no lo ha hecho en ninguna parte. Lo que ha hecho es crear nuevas formas de pobrezas, y más grandes, y más peligrosas; el comunista es pobre porque, además, ha perdido su alma. Ahora, en realidad, no tiene nada de individuo, ni siquiera tiene la libertad de meditar.

Eso no servirá de nada, es destructivo. Ésos son los hacedores de bien, evítalos.

También dices: «¿No hay espacio para desarrollar las habilidades y talentos propios de uno?». De hecho, no habrá necesidad de desarrollarlos, empezarán a desarrollarse por sí mismos. Cuando una persona medita, empieza a florecer. Si es pintor, se hará un gran pintor. Si es poeta, de repente, de su alma surgirá una deslumbrante poesía. Si es cantante, empezará a cantar una canción más cercana al anhelo de su corazón.

No, no requiere ningún esfuerzo. Cuando estás en silencio, arraigado en tu ser, centrado, tus talentos empiezan a funcionar automáticamente. Empiezas a funcionar como la existencia siempre ha querido que funcionases. Empiezas a funcionar como naciste para funcionar, como tu destino quiere que funciones. Te vuelves espontáneo, empiezas a dedicarte a lo tuyo, sin importarte si es rentable o no, si te da más respetabilidad o no. Te hace más feliz, y eso es suficiente. Te hace tremendamente dichoso, y eso es más que suficiente.

La meditación libera tus energías, entonces, no hay ninguna otra necesidad. Y una persona que ha llegado a un florecimiento meditativo... ¿Qué más puede pedir? Esa persona funciona como un dios, como una existencia en pleno florecimiento. Esa persona ha llegado al florecimiento supremo, ya no necesita nada más. Cada momento es creativo, cada gesto es creativo, la propia vida es gracia.

Pero hay personas que preferirían ir dando un rodeo, personas que querrían cambiar el mundo antes, y dedicarse a sí mismos después. Pero déjame decirte algo: si te alejas tanto del camino, nunca lograrás dedicarte a ti mismo.

He oído que un viejo estaba sentado al lado de una carretera cerca de Delhi y un joven, que pasaba conduciendo, se detuvo y le preguntó: «¿A qué distancia está Delhi?». A lo que el viejo contestó: «Si sigues por ese camino y en la dirección que vas, lejísimos. Tendrás que dar la vuelta a toda la tierra, porque te has dejado Delhi atrás, a unos tres kilómetros».

Si te das la vuelta, no está muy lejos, a unos tres kilómetros. Si piensas cambiar el mundo entero y luego cambiarte a ti mismo, nunca lo lograrás; nunca lograrás volver al hogar. Empieza donde estés. Tú formas parte de este feo mundo; cambiándote a ti mismo estarás cambiando el mundo. ¿Qué eres tú sino una parte de este feo mundo? ¿Por qué intentar cambiar al vecino? A lo mejor no le gusta, a lo mejor no lo quiere, o no le interesa. Si te has dado cuenta de que el mundo necesita un gran cambio, tú eres el mundo más cercano a ti mismo. Empieza por ahí.

Pero hay personas muy filosóficas. Le dan vueltas y vueltas sin parar.

He estado leyendo el hermoso libro de Leo Rosten, *Las dichas del Yiddish*.

> Cuenta una anécdota de Sokoloff, un gran filósofo que cenaba regularmente en un determinado restaurante de la segunda avenida y siempre empezaba tomando un caldo de gallina.
>
> Una noche, Sokoloff llamó a su camarero y le dijo: «Por favor, pruebe este caldo».
>
> «Después de veinte años —objetó el camarero—, ¿cuestiona la perfección de nuestro maravilloso caldo de gallina?»
>
> «Venga, pruébelo», insistió Sokoloff.
>
> «De acuerdo, de acuerdo —accedió finalmente el camarero—, lo probaré, pero ¿dónde está la cuchara?».
>
> «¡Ajá!», gritó Sokoloff.

Simplemente quería decir: «No tengo cuchara». Pero se anda con muchos rodeos... «Prueba este caldo...» No des tantos rodeos, no seas tan filosófico. Si no tienes cuchara, simplemente, di que necesitas una cuchara.

Una cuchara será suficiente. Lo único que uno necesita es una cucharada de meditación.

■ **Recientemente me he dado cuenta de que, durante veintiún años ininterrumpidamente, cada evento en la escuela, desde jugar en el patio, pasando por la gimnasia, hasta la gramática de latín, era, básicamente, un ejercicio de cómo ganarle al de al lado. Me parece que ésta ha sido la experiencia más dañina de mi vida. No puedo concebir un sistema más perfecto para destruir a los niños y hacer que seamos completamente desacordes con el mundo que nos rodea. ¿Cómo podemos ayudar a los niños a alcanzar su pleno potencial, sin estimular este espíritu competitivo?**

En cuanto empiezas a pensar en cómo ayudar a crecer a los niños sin ningún espíritu competitivo, ya vas por mal camino, porque hagas lo que hagas estarás insertando algún programa en los niños. Será diferente al que tú recibiste, pero los estarás condicionando con las mejores intenciones del mundo.

Los árboles crecen sin que nadie les enseñe cómo tienen que crecer. Los animales, los pájaros, no necesitan una programación, en la existencia nada necesita programación. La mera idea de programar produce esclavitud, y el hombre lleva miles de años produciendo esclavitud con diferentes nombres. En cuanto la gente se cansa de un nombre, es remplazado por otro inmediatamente. Se modifican algunos programas, se hacen algunos cambios, aquí y allá, en el condicionamiento pero, en lo fundamental, permanece igual: los padres, la generación anterior quiere que sus hijos sean de una determinada manera. Por eso preguntas «¿Cómo?».

Tal como yo lo veo, la función de los padres no es ayudar a los hijos a crecer; crecerán sin ti. Tu función es apoyar, nutrir, ayudar a eso que ya está creciendo. No les des direcciones ni ideales. No les digas lo que está bien y lo que está mal: deja que lo descubran por su propia experiencia.

Sólo puedes hacer una cosa, compartir tu propia vida. Cuéntales que tú has sido condicionado por tus padres, que has vivido dentro de ciertos límites, según ciertos ideales; diles que por esos límites e ideales has desperdiciado por completo la vida y que tú no quieres destruir la vida de tus hijos. Que quieres que sean totalmente libres, libres de ti, porque, para ellos, tú representas todo el pasado.

Se requieren muchas agallas y un inmenso amor para que un padre o una madre le diga a sus hijos: «Necesitas ser libre de nosotros. No nos obedezcas, fíate de tu propia inteligencia. Aunque te equivoques, es mejor que ser siempre correcto y seguir siendo un esclavo. Es mejor cometer errores por ti mismo y aprender de ellos que seguir a alguien y no cometer errores. Porque así nunca vas a aprender nada excepto seguidismo, y eso es veneno, puro veneno».

Si amas, es muy fácil. No preguntes «cómo», porque «cómo» significa que estás pidiendo un método, una metodología, una técnica, y el amor no es una técnica.

Ama a tus hijos, alégrate de su libertad. Déjalos cometer errores. Ayúdalos a ver dónde han cometido el error. Diles: «Cometer errores no es malo, cometan todos los errores que puedan, porque así es como aprenderán más. Pero no cometan el mismo error una y otra vez, porque eso los haría estúpidos». Así pues, no va a ser una respuesta sencilla para mí. Tendrás que averiguarlo viviendo con tus hijos momento a momento, permitiéndoles toda libertad posible en las pequeñas cosas.

Por ejemplo, en mi infancia (y lleva siglos siendo igual), a los niños se les enseñaba: «Vete pronto a la cama, y levántate temprano por la mañana. Eso te hace sabio».

Yo le dije a mi padre: «Qué extraño, me obligas a irme pronto a la cama cuando no tengo sueño». Y en las casas jainistas pronto es realmente pronto porque se cena a las cinco o, como mucho, a las seis. Y luego no se hace nada más, los niños tienen que irse a dormir.

Le dije: «Me obligas a irme a dormir cuando mi energía todavía no está preparada para irme a dormir. Y por la mañana, me sacas de la cama cuando todavía tengo sueño. ¡Qué forma tan extraña de hacerme sabio! Además, no veo la conexión, ¿cómo me voy a volver más sabio si me obligas a dormir cuando no tengo sueño? Me paso horas en la cama, en la oscuridad... tiempo que podría aprovechar de alguna forma, que podría haber hecho algo, y me obligas a dormir. Además, dormir no es algo que esté en tus manos. Uno no puede cerrar los ojos y quedarse dormido. El sueño llega cuando llega; no nos obedece ni a ti ni a mí, así que estoy desperdiciando horas de mi tiempo.

Y, después, por la mañana, cuando tengo mucho sueño, a las cinco de la mañana, me despiertas y me sacas de la cama para dar el paseo matutino hacia el campo. Tengo mucho sueño y tú me sacas de la cama. No entiendo cómo todo esto va a hacerme más sabio. Por favor, ¿puedes explicármelo?

¿Y cuánta gente se ha vuelto sabia siguiendo este procedimiento? Muéstrame algunas personas sabias, no veo a ninguna por aquí. Además, he estado hablando con el abuelo y me había dicho que eso es una tontería. De toda la casa, él es el único que dice la verdad. No le importa lo que digan los demás, y él me ha dicho que eso es una tontería: "Tener sabiduría no tiene nada que ver con irse pronto a la cama. Yo llevo toda la vida acostándome pronto, setenta años, y aún no he alcanzado la sabiduría, ¡y no creo que lo consiga! Ya es hora de que venga la muerte, no la sabiduría. Así que no te dejes engañar por esos proverbios".»

Le dije a mi padre: «Piénsatelo bien y, por favor, sé sincero, dime la verdad. Dame la libertad de poderme ir a la cama cuando sienta que el sueño está llegando, y de poderme levantar cuando me despierte y ya no tenga sueño».

Se tomó un día para pensárselo y, al día siguiente, me dijo: «De acuerdo, es posible que tengas razón. Haz lo que te parezca. Obedece a tu cuerpo en lugar de obedecerme a mí».

El lema debería ser el siguiente: se debe ayudar a los niños a escuchar a sus cuerpos, a escuchar a sus propias necesidades. La responsabilidad básica de los padres es evitar que los hijos se caigan en una zanja. La función de su disciplina es negativa.

Recuerda la palabra «negativa»... no es una programación positiva sino una protección negativa, porque los niños son niños y, como tal, se pueden meter en situaciones en que se pueden hacer daño, salir heridos. Aun así, no les prohíbas que vayan, pero explícaselo. No lo conviertas en una cuestión de obediencia; a pesar de todo, deja que elijan ellos. Tú, simplemente, explícales toda la situación.

Los niños son muy receptivos, y si los tratas con respeto, están dispuestos a escuchar, dispuestos a entender; luego, déjalos con su entendimiento. Y sólo durante unos años, al principio; pronto se asentarán en su inteligencia y tu protección ya no será en absoluto necesaria. Pronto tendrán la capacidad de moverse por sí mismos.

Puedo entender el miedo de los padres a que sus hijos tomen una dirección que a ellos no les guste, pero ése es su problema. Tus hijos no han nacido ni para complacerte ni para contrariarte. Ellos tienen que vivir su vida, y tú deberías estar contento de que estén viviendo su vida, cualquiera que ésta sea. Puede que acaben siendo un músico pobre...

Uno de los hombres más ricos de la ciudad, que yo conocía, quería que su hijo se matriculase en medicina y se hiciera médico. Pero al hijo sólo le interesaba la música. Ya no era un simple aficionado; era muy conocido en la zona, siempre que había una función, tocaba el sitar y, poco a poco, se fue haciendo muy famoso.

Quería ir a una universidad dedicada exclusivamente a la música. Puede que sea la única universidad en el mundo que se dedique únicamente a la música, y con departamentos para cada una de las diferentes disciplinas: danza, diferentes instrumentos, pero todo el mundo de la universidad es musical.

El padre estaba absolutamente en contra. Me llamó —su hijo y yo éramos muy amigos— y me dijo: «Será un mendigo toda su vida», porque, en India, los músicos no ganan mucho. «A lo máximo que podrá aspirar es a ser profesor de música en una escuela. ¿Cuánto ganará? Lo mismo que un buen criado en nuestra casa. Y andará con malas compañías», porque, en la India, la música ha quedado profundamente relacionada a las prostitutas.

La prostituta india es diferente a las demás prostitutas del resto del mundo. La palabra «prostituta» no le hace justicia a su equivalente en la India, porque la prostituta india es una experta en música, en danza, y en la India existe una gran variedad. Si realmente quieres aprender música, canto o danza al más alto nivel, tienes que hacerlo con alguna célebre prostituta.

Hay familias famosas, se les llama *gharanas*. *Gharana* significa familia. No tiene nada que ver con la familia corriente; es la familia del maestro-discípulo. Así que hay *gharanas* famosas que tienen su propio método. La interpretación del mismo instrumento, de la misma danza, será diferente en las distintas *gharanas*, habrá pequeñas diferencias, sutiles matices. Así que, si alguien quiere meterse realmente en el mundo de la música, tiene que entrar a formar parte de alguna *gharana*, y ésa no es buena compañía.

Pero al hijo no le importaba la compañía. En contra de los deseos de su padre, acabó yendo a la universidad de música. Lo que hizo que su padre lo repudiara, pues le causó un gran disgusto. Y como su padre lo repudió, y no tenía otra alternativa porque la universidad estaba en una remota área montañosa donde no se podía conseguir ningún trabajo, regresó y acabó siendo exactamente lo que su padre había predicho, maestro de escuela.

Su padre me llamó y me dijo: «Mira, justo lo que yo había dicho. Mis otros hijos me hicieron caso y uno es ingeniero y el otro es catedrático, pero éste no quiso escucharme. Lo he repudiado; no heredará ni un céntimo de mí. Y ahora ejercerá la más pobre de las profesiones: maestro de escuela».

Pero mi amigo era inmensamente feliz... no le importaba que su familia lo hubiera abandonado, que fuera a llevar una vida de pobre, que no fuera a recibir ninguna herencia. Esas cosas no le preocupaban; era feliz. «Es bueno que hayan hecho todo eso, ahora puedo entrar a formar parte de una *gharana*. Me preocupaba que se pudieran sentir humillados. Pero, como me han abandonado y ya no soy uno de ellos, puedo entrar a formar parte de una *gharana*».

A la vez que enseñaba en la escuela, estudiaba en una *gharana*, y ahora es uno de los mejores músicos de la India. Lo importante no es que haya acabado siendo uno de los mejores músicos, sino que haya realizado lo que él sentía que era su potencial. Cuando sigues tu potencial, siempre acabas siendo excelente. Cuando te desvías de tu potencial, nunca superas la mediocridad.

Toda la sociedad está formada por personas mediocres por la sencilla razón de que nadie es lo que estaba destinado a ser, es algo diferente. Y haga lo que haga, nadie puede llegar a la excelencia y, por lo tanto, no se puede sentir satisfecho; no puede estar contento.

Así pues, la tarea de los padres es muy delicada y muy valiosa, porque toda la vida del niño depende de ella. No le des ningún programa positivo, ayúdale cualquiera que sea el camino que él quiera tomar.

Por ejemplo, yo solía subirme a los árboles. Pues bien, hay árboles que son fáciles de escalar: sus ramas y su tronco son fuertes. Aunque te subas hasta la copa, no hay peligro de que se rompa una rama. Pero hay árboles muy blandos. Y como yo solía subirme a los árboles a recolectar mangos y *jamuns*, otra fruta deliciosa, mi familia estaba muy preocupada, y siempre enviaban a alguien para que me lo impidiera.

Le dije a mi padre: «En lugar de impedírmelo, por favor, dime qué árboles son peligrosos —y los evitaré— y qué árboles no son peligrosos, y me puedo subir. Pero si intentas impedirme que me suba, corres el peligro de que suba al árbol equivocado, y la culpa será tuya. Porque no voy a dejar de subirme a los árboles, me encanta». Estar en la copa de un árbol bajo el sol y con un fuerte viento que haga danzar todo el árbol es realmente una de las experiencias más maravillosas que existen, una experiencia altamente nutritiva.

Le dije: «No voy a dejar de hacerlo. Lo que tienes que hacer es decirme a qué árboles no debería subirme, porque me puedo caer de ellos, me puedo romper algún hueso, me puedo hacer daño. Pero no me des una orden sin más: "deja de subirte a los árboles". Porque no obedeceré». Y tuvo que ir conmigo por todo el barrio enseñándome cuáles eran los árboles peligrosos. Entonces, le hice la segunda pregunta: «¿Conoces algún buen escalador en la ciudad que pueda enseñarme a subirme incluso a los árboles peligrosos?».

Y él me contestó: «¡Eres increíble! Esto ya está yendo demasiado lejos. Me habías dicho, entendí que...».

Le dije: «Lo cumpliré, porque yo mismo fui quien lo propuso. Pero los árboles que estás clasificando de peligros son irresistibles, porque el *jamun* crece en ellos. Es una fruta realmente deliciosa, y cuando está madura, quizá no sea capaz de resistirme a la tentación. Tú eres mi padre, es tu deber... tienes que conocer a alguien que pueda ayudarme».

Me dijo: «Si hubiese sabido que ser padre iba a ser tan difícil, nunca lo habría sido, ¡al menos tuyo! Sí, conozco a un hombre», y me presentó a un señor mayor que era un gran escalador, el mejor.

Era podador, pero era tan viejo que era imposible imaginárselo haciendo ese trabajo. Sólo hacía trabajos complicados, que nadie más se atrevía a hacer... árboles grandes que se estaban extendiendo sobre las casas, podaba las ramas. Era un experto, y lo hacía sin dañar las raíces ni las casas. Primero ataba las ramas a otras ramas con cuerdas. Luego cortaba esas ramas y con las cuerdas apartaba las otras ramas de la casa y las dejaba caer al suelo.

¡Y era muy viejo! Pero en situaciones como ésa, cuando ningún otro podador se atrevía, le llamaban a él. Así que mi padre le dijo: «Hazme el favor de instruirle, especialmente acerca de los árboles peligrosos, los que se pueden romper». Las ramas se pueden romper... y ya me había caído dos o tres veces; todavía tengo las marcas en las piernas.

Ese anciano me miró y dijo: «¡Nadie me había pedido eso nunca, y menos un padre para su hijo...! Es peligroso, pero le encanta, estaré encantado de enseñarle». Y me enseñó los trucos para subir a los árboles peligrosos. Me enseño todo tipo de técnicas para protegerme: si quieres subir a la cima del árbol sin caerte al suelo, átate con una cuerda asegurada en un punto del árbol que veas que es lo bastante fuerte, y luego sube. Si te caes, quedarás colgando de una cuerda, pero no caerás al suelo. Y eso fue realmente revelador: ¡desde entonces no me volví a caer!

La función de un padre o una madre es importante, porque están trayendo a un nuevo invitado al mundo, que no sabe nada, aunque traiga con él un determinado potencial. Y a no ser que su potencial se desarrolle, será infeliz.

A ningún padre le gusta pensar que sus hijos son infelices; quieren que sean felices. Lo que pasa es que piensan de forma equivocada. Creen que si se hacen médicos, que si se hacen catedráticos, ingenieros o científicos, serán felices. ¡Ellos no saben! Sólo pueden ser felices si se transforman en lo que han venido a transformarse. Sólo pueden desarrollar la semilla que llevan dentro.

Así pues, ayuda en todo lo que puedas a dar libertad, a dar oportunidades. Normalmente, cuando un niño le pide algo a su madre, incluso sin escuchar lo que el niño le está pidiendo, la madre simplemente dice no. «No» es una palabra autoritaria; «sí» no lo es. Así pues, ningún padre, ninguna madre, nadie que tenga autoridad quiere decir sí a cualquier cosa normal.

Si el niño quiere jugar fuera de la casa: «¡No!». Si el niño quiere salir cuando está lloviendo y bailar bajo la lluvia: «¡No! contraerás un resfriado». Un resfriado no es un cáncer, pero si a un niño se le prohíbe danzar bajo la lluvia, y no puede volver a danzar jamás, se pierde algo grande, algo realmente hermoso. Habría merecido la pena pasar un resfriado. De hecho, cuanto más le protejas, más vulnerable se volverá. Cuanto más le permitas, más inmune se volverá.

Los padres tienen que aprender a decir sí. Normalmente, de cada cien veces que dicen no, noventa y nueve son únicamente para mostrar autoridad. No todo el mundo puede ser presidente del país ni puede tener autoridad sobre millones de personas. Pero todo el mundo puede convertirse en marido, puede tener autoridad sobre su esposa; toda mujer puede convertirse en madre, puede tener autoridad sobre los hijos; todo niño puede tener un osito de peluche, y tener autoridad sobre el osito de peluche... patearlo de rincón a rincón, darle unas buenas bofetadas, bofetadas que en realidad quiere darle a la madre o al padre. Y el pobre osito de peluche es el único que no tiene a nadie por debajo de él.

Ésta es una sociedad autoritaria.

Estoy hablando de criar niños que tengan libertad, acostumbrados a oír «sí» y que raramente hayan oído «no». Entonces, desaparecería la sociedad autoritaria. Tendríamos una sociedad más humana.

Así pues, no es una cuestión que sólo afecte a los niños. Esos niños serán la sociedad del mañana: el niño es el padre del hombre.

Hay mucha gente, desde meditadores hasta ejecutivos, que está utilizando una técnica llamada «pensamiento positivo». Intentan cambiar los pensamientos destructivos y sus condicionamientos, los de los demás y los de la existencia, por iones positivos y, de este modo, esperan tener más éxito en las áreas de sus vidas que les conciernen. ¿Funciona realmente esta técnica de pensamiento positivo? ¿Puede ayudar a la conciencia, también?

La técnica del pensamiento positivo no es una técnica que te transforme. Se trata, simplemente, de reprimir los aspectos negativos de tu personalidad. Es un método de elección. No puede ayudar a la conciencia; es contrario a la conciencia.

La conciencia nunca es electiva.

El pensamiento positivo simplemente significa restringir lo negativo al inconsciente y condicionar la mente consciente con pensamientos positivos. Pero el problema es que el inconsciente es mucho más fuerte, nueve veces más fuerte que la mente consciente. Así pues, cuando algo se vuelve inconsciente, se vuelve nueve veces más fuerte de lo que era antes. Puede que no se muestre como solía hacerlo, pero hallará nuevas vías de expresión.

Por lo tanto, el pensamiento positivo es un método muy pobre, carente de comprensión profunda y que te da ideas equívocas acerca de ti mismo.

El pensamiento positivo nació de una determinada secta cristiana en Estados Unidos llamada Ciencia Cristiana. Para evitar la palabra «cristiana», y así poder atraer a más gente, poco a poco, fueron abandonando esa vieja etiqueta y se limitaron a hablar de la filosofía del pensamiento positivo.

Ciencia Cristiana, la fuente original, proponía que todo lo que sucede en tu vida no es más que una proyección de pensamiento. Si quieres ser rico, piensa y hazte rico. Es pensando positivamente como te haces rico, como te enriqueces, como los dólares empiezan a venir hacia ti.

Recuerdo una anécdota:

> Un joven se encontró con una señora en la calle. Ésta le preguntó: «¿Qué le ocurre a tu padre? No está asistiendo a nuestras reuniones semanales de Cristianos Científicos, y él es miembro más antiguo, casi el fundador de nuestra sociedad».
>
> El joven contestó: «Está enfermo y se siente muy débil».
>
> La mujer se rió. Dijo: «Sólo es su pensamiento, nada más. No está enfermo; piensa que está enfermo. No está débil, sólo piensa que está débil. La vida está hecha de pensamientos; te conviertes en lo que piensas. Dile que recuerde su propia ideología que tantas veces nos ha predicado. Dile que piense sanamente; dile que piense lleno de vigor». El joven le dijo: «Le daré el mensaje».

Ocho o diez días después, el joven se volvió a encontrar con la mujer, y ella le preguntó: «¿Qué ha pasado? ¿No le diste el mensaje a tu padre? Todavía no lo he visto en nuestras reuniones semanales».

El muchacho dijo: «Le di el mensaje, señora, pero ahora piensa que está muerto».

Este enfoque de la Ciencia Cristiana puede ser útil para algunas cosas; concretamente, para cambiar las cosas que realmente son creadas por tu pensamiento.

Los partidarios del pensamiento positivo ahora hablan más filosóficamente, pero en el fondo sigue siendo lo mismo: si piensas negativamente, te ocurrirán cosas negativas; si piensas positivamente, te ocurrirán cosas positivas. Y ese tipo de literatura está muy extendido, especialmente en Estados Unidos. En ningún otro lugar del mundo el pensamiento positivo ha causado el más mínimo impacto. Porque es pueril. «Piensa y enriquécete», todo el mundo sabe que eso es una tontería.

Es nocivo y, además, peligroso. Las ideas negativas de tu mente tienen que ser liberadas, no reprimidas por ideas positivas. Tienes que crear una conciencia que no sea ni positiva ni negativa. Ésa será la conciencia pura. En esa conciencia pura, vivirás la más natural y feliz de las vidas.

Si reprimes alguna idea negativa porque te duele, por ejemplo, si estás enfadado y lo reprimes, intentas cambiar esa energía por algo positivo, como sentir cariño y compasión por la persona con la que estabas enfadado, pero te estarás engañando a ti mismo. En el fondo, la ira seguirá ahí; lo que pasa es que la estarás encubriendo. Por fuera, sonreirás, pero tu sonrisa sólo estará en tus labios. Sólo será un ejercicio labial; no podrá estar conectada contigo, con tu corazón, con tu ser. Tú mismo has puesto un gran muro entre tu sonrisa y tu corazón, el sentimiento negativo que has reprimido.

Y no es sólo un sentimiento; en la vida tienes miles de sentimientos negativos. No te gustan algunas personas, no te gustan muchas cosas; no te gustas a ti mismo, no te gusta la situación en la que te encuentras. Toda esta basura se va acumulando en el inconsciente y, en la superficie, y nace un hipócrita que dice: «Amo a todo el mundo, el amor es la clave de la felicidad». Pero en la vida de esa persona no ves felicidad alguna. Lleva dentro de sí todo el infierno.

Puede que engañe a los demás y, si sigue engañando el tiempo suficiente, puede que también se engañe a sí mismo. Pero no habrá ningún cambio. Simplemente, habrá malgastado la vida, que es inmensamente valiosa, porque no se puede recuperar.

El pensamiento positivo no es más que la filosofía de la hipocresía, para llamarlo por su nombre. Te enseña que cantes cuando tienes ganas de llorar. Si lo intentas, puede que lo acabes consiguiendo, pero esas lágrimas reprimidas saldrán en algún momento, en alguna situación. La represión tiene un límite. Y la canción que cantaste carecía de todo sentido; no la sentías, no nacía de tu corazón. Sólo lo hacías porque la filosofía dice que tienes que elegir siempre lo positivo.

Yo estoy totalmente en contra del pensamiento positivo. Si no eliges, si te mantienes en una conciencia no electiva, para tu sorpresa empezarás a expresar algo que está por encima tanto de lo positivo como de lo negativo, algo más elevado que ambos. Así pues, no serás un perdedor. No será negativo, no será positivo, será existencial.

Cuando haya lágrimas, tendrán su belleza; ellas tendrán su propia canción. No necesitarás imponerles ninguna canción, ellas saldrán por sí solas de la dicha, de la satisfacción, no de la tristeza, del fracaso. Y si la canción irrumpe, no lo hace en contra de las lágrimas, de la desesperación; sólo es la expresión de tu dicha... ni en contra de nada, ni a favor de nada. Es, simplemente, el florecimiento de tu propio ser; por eso lo califico de existencial.

El pensamiento positivo guía a la gente por un camino muy equivocado; hace hipócrita a la gente. Es la filosofía más influyente en Estados Unidos aunque, en realidad, ni siquiera es una filosofía, no es más que basura. No comprende la psicología del ser humano, no tiene en cuenta los descubrimientos de la psicología. No tiene en cuenta los profundos descubrimientos de la meditación. Es, simplemente, darle esperanza a la gente, a la gente que está perdiendo toda esperanza. Es darle ambición a la gente.

La persona pobre piensa que, si sigue pensando, de repente, milagrosamente, aparecerá un Cadillac en su garaje, aunque aún no tenga un garaje, ¡así que primero tiene que pensar en el garaje! Primero, el pensamiento positivo tiene que hacer aparecer un garaje, y luego hacer que aparezca el Cadillac.

Aunque ocurriera, por favor, no te subas a ese coche; puede ser peligroso. No hay ni coche ni garaje, ese hombre está alucinando. No está en sus cabales. Todo ha de ser ganado.

Hay un famoso libro de Napoleon Hill, *Piensa y hazte rico*, cuyo mensaje es que si piensas con gran intensidad, te harás rico. Se vendieron millones de ejemplares; es un buen escritor, uno de los mejores que ha dado Estados Unidos. Escribe muy bien, es muy convincente. Pero cuando salió su libro, él asistió a una librería para ser presentado por el editor y firmar ejemplares. Y, por casualidad, entró Henry Ford, iba a mirar libros, le encantaban los libros, y preguntó: «¿Qué está ocurriendo? ¿Qué está haciendo ese hombre?». El librero le dijo que se trataba de Napoleon Hill, un gran escritor, promocionando su último libro que acababa de salir: «Estará encantado de conocerlo». Así pues, Henry Ford se acero a él. El librero presentó a Napoleon Hill, diciendo: «Es el escritor de este libro, *Piensa y hazte rico*».

Henry Ford le echó una ojeada a la portada, al título, y le preguntó a Napoleon Hill: «¿Ha venido usted en su propio coche, o en autobús?».

Parecía una pregunta completamente irrelevante, pero siendo Henry Ford quien preguntaba, Napoleon Hill no tuvo más remedio que responder. Dijo: «He venido en autobús».

Henry Ford le devolvió el libro y le dijo: «Cuando haya pensado lo suficiente en un hermoso coche y aparezca en su garaje, tráigamelo. Yo soy Henry Ford, así que, en primer lugar, no necesito este libro. Como todo el mundo quiere hacerse rico, el libro se venderá bien, y puede que con las ventas se haga rico y se compre un coche. Pero recuerde, ésa no es mi condición para comprar el libro. Sólo lo compraré si el coche aparece por su pensamiento».

El coche nunca apareció, y Napoleon Hill nunca pudo ir a ver a Henry Ford. Y era un señor muy extraño; de vez en cuando, solía telefonear a Hill y le decía: «¿Cómo va lo del coche? Si todavía no ha aparecido, debería usted retirar su libro del mercado. ¡Es un timo!». Todo el libro trata del pensamiento positivo, sobre tener sólo pensamientos positivos.

Todos los pensamientos son inútiles, da igual que sean positivos o negativos, son dos caras de la misma moneda. No se trata de cambiar de lo negativo a lo positivo; se trata de ir más allá de ambos. Tienes que abandonar ambos, tienes que transformarte en una conciencia sin pensamientos. Y, desde esa conciencia, hagas lo que hagas, estará bien. Hagas lo que hagas tendrá una gran belleza. Hagas lo que hagas será satisfactorio.

▨ Soy un firme creyente en la filosofía del pensamiento positivo, y me ha dejado estupefacto oírte hablar mal de ello.

Me complace que al menos hubiera alguien que estaba escuchando, que estaba despierto, que no estaba dormido. De eso se trata la filosofía positiva; ¡tú estás estupefacto y yo estoy feliz!

Pero yo no soy un creyente de nada en absoluto. La creencia en sí es contraria a mi forma de ver las cosas. La creencia es un ciego yendo a tientas. No creo en nada, ni dejo de creer en nada, porque ambas cosas son sistemas de creencias. O sé o no sé. No tengo la más mínima duda al respecto.

Estás diciendo que eres un «firme creyente». ¿Qué significa eso? ¿Por qué has utilizado la palabra «firme»? Debe estar ocultando alguna flaqueza. ¿Ser un creyente no es suficiente? Tú sabes que no lo es; por eso tienes que añadir algo que lo haga más sólido, más fuerte. Pero, hagas lo que hagas, una creencia es una creencia, y nunca se podrá convertir en conocimiento. Tu «firme creencia» es una clara señal de que tu duda es firme. Un escéptico firme necesita una creencia firme. Un escéptico normal simplemente cree.

Creer es cubrir algo. Y si la duda es demasiado grande, tienes que estirar la creencia hasta una *firme* creencia. Tienes que reprimir tus dudas fuertemente, porque sabes que, si no se les reprime fuertemente, pelarán la cáscara de creencia y quedarás desnudo a tus propios ojos, de ahí la estupefacción. Es una conmoción importante.

¿Por qué ibas a quedarte estupefacto? O ves que lo que estoy diciendo es correcto, en cuyo caso la conmoción no tiene sentido, o ves que lo que estoy diciendo es incorrecto; en cuyo caso la conmoción tampoco tiene sentido. ¿De dónde viene la conmoción?

La conmoción requiere dos cosas: una parte de ti, la parte más profunda de ti, la parte reprimida de ti, ve la verdad de lo que estoy diciendo, y la otra, la parte represora de ti, no quiere verlo. Éste es el conflicto que produce la conmoción.

Puede que seas un firme creyente en la filosofía del pensamiento positivo, pero yo no creo que entiendas lo que significa realmente.

En primer lugar, la filosofía del pensamiento positivo significa ser hipócrita, significa ser deshonesto. Significa ver una determinada cosa y, no obstante, negar lo que has visto; significa engañarte a ti mismo y a los demás. El pensamiento positivo es la única porquería de filosofía que Estados Unidos ha aportado al pensamiento humano, no hay más. Dale Carnegie, Napoleon Hill, los curas cristianos y Norman Vincent Peale, toda esta gente ha llenado por completo la mente americana con la idea, absolutamente absurda, de una filosofía positiva. Y resulta especialmente atractiva para las mentes mediocres.

El libro de Dale Carnegie, *Cómo ganar amigos e influir sobre las personas*, se ha vendido casi tanto como la Biblia. Ninguna otra obra ha podido alcanzar tal popularidad. Y, en realidad, la Biblia no debería contar como competencia, porque, más o menos, se regala, se le impone a la gente. Pero el libro de Dale Carnegie hay que comprarlo; no se regala. Y ha generado una determinada corriente ideológica que ha producido una gran cantidad de libros del mismo estilo, para mí, nauseabundo.

La idea de querer influir en la gente en sí misma es propia de un vendedor, justo lo que Carnegie era, un vendedor devenido en filósofo. Es algo que ha sucedido muchas veces. Por ejemplo, Werner Erhard, el fundador de EST. Él era vendedor de enciclopedias y diccionarios, pero, intentando vender enciclopedias y diccionarios, aprendió tanto acerca del arte de vender que pensó: «¿Por qué vender enciclopedias? ¿Por qué no vender ideas directamente?, que es un artículo más intangible».

La gente no puede ver una idea; no obstante, siguen comprándola. Y una vez que has pagado doscientos cincuenta dólares por una determinada idea, que no puedes ver, tienes que fingir que la has atrapado; de otro modo, la gente pensará que eres tonto. ¿Doscientos cincuenta dólares y no la has «atrapado»...?

Es muy sencillo.

En Oriente se cuenta una vieja historia. Un rey sorprendió a su primer ministro con su esposa. Naturalmente, enloqueció. Ordenó que le amputaran la nariz al primer ministro, en aquellos días, ése era un castigo habitual. Y la amputación de nariz era la pena que sólo se aplicaba a los que eran sorprendidos con la mujer de otro, así que era como una marca, un símbolo. Dondequiera que fueran, su nariz amputada iba delante de ellos declarando lo que habían hecho.

Pero aquel hombre, que era un político, un primer ministro, simplemente se desplazó de su reino a otro reino donde la nariz amputada no tenía ningún significado especial. Y en este nuevo reino, entró vestido de santo. Nadie puede dudar de un santo. Era obvio que no tenía nariz, pero dudar de un santo es pecado. Sin embargo, una persona curiosa le preguntó: «¿Qué te ocurrió en la nariz?».

El nuevo santo sonrió y dijo: «Eso es un secreto. Se trata de una técnica para alcanzar la verdad suprema. Sólo te diré que la nariz representa al ego». Estaba pensando en la línea correcta, estaba creando una filosofía, los egos de la gente están escritos en su nariz. Los que le oían pensaban que lo que estaba diciendo tenía que ser importante. La nariz representa al ego, y el ego es la única barrera entre Dios y el hombre. Debe existir alguna técnica en la que, si te amputas la nariz, desaparece el ego y descubres la verdad suprema, la conoces.

Inmediatamente, un hombre se mostró dispuesto. El político convertido en santo lo llamó por la noche, a solas, porque se trataba de un asunto absolutamente privado. Antes de amputar la nariz al hombre, le dijo: «Cuando te ampute la nariz, mantén los ojos cerrados. Cuando la haya cortado, diré: "Abre los ojos", y verás a Dios ante ti».

La nariz fue amputada, y el santo dijo: «Ya puedes abrir los ojos: Dios está ante ti». El hombre abrió los ojos; allí no había nadie. Dijo: «Pero, yo no veo a nadie».

Y el santo le dijo: «Ahora es tu problema. Si no ves a Dios, la gente pensará que eres estúpido. ¿Acaso crees que yo le veo? Yo tampoco lo veo, pero ahora tienes que pensar en positivo. ¿Qué ganas dejando que se sepa que eres estúpido? Di que lo has recibido».

Puede que Werner Erhard pensara que él había inventado la filosofía de EST, pero no es así. Fue inventada miles de años antes por este político que amputó la nariz del hombre. Ese hombre fue el primer graduado en EST.

El idiota se lo pensó y dijo: «Eso parece lo más acertado; sí, lo veo».

El santo dijo: «Tú también te has convertido en un santo. A partir de mañana, empieza a predicar la filosofía para que se vaya expandiendo». Exactamente lo mismo que decía Werner Erhard: no hace falta anunciarse en los periódicos y revistas, con el boca en boca es suficiente. Impresiona más, es más vital, hay un testigo ocular. Un anuncio en los periódicos puede que sea una patraña, pero el hombre con la nariz amputada, sonriente, radiante con el conocimiento de la verdad suprema...

Al día siguiente la gente vio que, ahora, había dos santos. Y, con esa misma estrategia, el número empezó a aumentar. Primero te amputan la nariz, luego, tienes dos alternativas: o permitir que vean que eres estúpido, o convertirte en un santo. ¿Quién va a elegir ser un estúpido? Nadie puede ser tan estúpido, pudiéndose convertir en santo tan fácilmente. Así pues, no le queda ninguna alternativa, tiene que convertirse en santo. Parece lo más acertado, la gente es respetuosa, y la masa en torno a los santos y el número de santos van aumentando...

Hasta el rey del país se interesó. Le preguntó a su primer ministro al respecto, y éste le dijo: «Espere un poco, yo conozco a ese hombre. Era el primer ministro del reino vecino. Y no creo que haya alcanzado la verdad suprema, sino que ha perdido la nariz». Para los políticos es fácil entender el lenguaje de los otros políticos. Le dijo: «Espere, déjeme preguntar al otro rey e investigar este asunto antes de amputarse la nariz y que vea a Dios. Deme un poco de tiempo».

Le preguntó al otro rey. Éste le dijo: «Ese hombre es realmente repugnante. La culpa es mía por haber ordenado que le cortaran la nariz. Debí haber ordenado que le cortaran la cabeza. Nunca imaginé que pudiera hacer una cosa así, amputar la nariz a miles de personas». Cada noche, cientos de personas eran transformadas en almas despiertas, en personas iluminadas, en testigos de Dios.

El primer ministro recogió todos los datos y regresó a su rey: «Ésta es la información que he conseguido. Ahora, invitaré al gran santo al palacio y haré que le den una buena paliza».

El santo fue invitado al palacio y, claro, estaba muy contento; y todos los demás santos también estaban muy contentos porque hasta el rey se interesaba por la filosofía positiva. Eso era lo que decía: «Esto es simple filosofía positiva. Y preocuparse por perder la nariz es un enfoque negativo. Ya no está; ¿de qué sirve lamentarse por la leche derramada? ¿Por qué no hacer algo positivo de ello? Te estoy ofreciendo la verdad suprema por el módico precio de una nariz».

Así pues, fueron todos y esperaron a las puertas del palacio. El gran sabio entró, para entonces, ya se había convertido en un gran sabio, y el primer ministro cerró las puertas. Había dos luchadores, hombres fuertes, que empezaron a pegarle al hombre. El sabio preguntó: «¿Qué están haciendo?». El primer ministro le dijo: «Confiesa la verdad, hasta que no lo hagas te seguirán golpeando. No te mataremos, pero tampoco te dejaremos vivir. Te mantendremos entre la vida y la muerte. Así que será mejor que hables cuanto antes».

Viendo la situación, dijo: «De acuerdo, la verdad es que mi rey me amputó la nariz por haber sido sorprendido con su mujer. ¿Qué otra cosa podía hacer? En esta situación, sin la nariz, a cualquier parte que hubiera ido, habría sido condenado, rechazado. Así que descubrí esta filosofía positiva. ¿Qué habrías hecho tú en mi situación?».

El primer ministro dijo: «Seguro que habría hecho lo mismo, pero será mejor que te vayas de este reino, porque incluso mi rey está empezando a interesarse, y no quiero que le cortes la nariz para que pueda volverse sabio. Vete de este país, márchate a otra parte. El mundo es grande; hay gente estúpida en todas partes, y tú los encontrarás sin problemas».

Werner Erhard, y gente como él, descubrió que podían vender enciclopedias, inútiles enciclopedias que nadie leerá ni consultará... La gente sólo tiene enciclopedias como objetos de decoración, en sus estudios o en sus salas de estar. Quedan bien. No son para leer, son para que se vean. Si puedes vender enciclopedias, ¿por qué no vender ideas? Una vez que dominas la sencilla técnica del arte de vender, puedes vender lo que quieras.

El pensamiento positivo sólo es un engaño.

Si influir en la gente y ganar amigos se convierte en tu ideología, tendrás que hacer dos cosas. Una es que tendrás que actuar y comportarte como la gente quiere que actúes y te comportes. Ése es el único modo de influir en ellos, no hay otro.

Toda la filosofía puede ser condensada en una simple frase: si quieres que la gente se deje influir por ti, sólo tienes que comportarte como ellos creen que es correcto. Demuestra ser su ideal, ser como a ellos también les gustaría ser aunque todavía no lo han logrado. Es evidente que no puedes convertirte en el ideal de nadie, pero lo puedes fingir. Te convertirás en un hipócrita.

Y si quieres influir en mucha gente, tendrás que tener muchas personalidades, muchas máscaras, porque se necesita una máscara diferente para influir en cada persona.

Si quieres influir en un hindú, tienes que tener un tipo de personalidad diferente que si quieres influir en un cristiano. Para los cristianos, la crucifixión de Jesús es el símbolo del mayor sacrificio que alguien puede hacer para redimir a la humanidad. Para los hindúes, la crucifixión simplemente significa que ese hombre tiene que haber cometido un gran pecado en el pasado. Ellos siguen la filosofía del karma y sus consecuencias. Uno no puede ser crucificado porque sí, sin ningún karma por su parte. Tiene que haber sido muy malo, y éste es el resultado de aquello. La crucifixión de Jesús, para los hindúes, los jainistas o los budistas, no demuestra que sea un mesías.

Pero a los cristianos nadie les parece comparable a Jesús; ni Mahavira, ni Buda, ni Lao Tzu. De hecho, a la mente cristiana, todos ellos le parecen muy egoístas: sólo se interesan por su propia redención mientras que Jesús se interesa por la redención de toda la humanidad. Un hombre al que sólo le interesa su propia realización suprema es, obviamente, el más egoísta del mundo. ¿Qué puede haber más egoísta que eso? Si renuncia al mundo, sólo lo hace por egoísmo, porque quiere que su alma se libere de la rueda de la vida y la muerte. Quiere unirse al espíritu universal de Dios, o quiere entrar en nirvana y desaparecer en el cosmos, donde no hay sufrimiento, donde sólo hay felicidad eterna. ¿Cómo puedes creer que un hombre así, que no se preocupa por los demás, es un santo, una encarnación de Dios? No, los cristianos eso no lo logran entender.

Si quieres influir en mucha gente, tendrás que tener muchas personalidades, muchas máscaras. Tendrás que fingir continuamente ser lo que no eres, y tendrás que ocultar lo que eres.

Que es exactamente lo que hace a un hombre falso. Toda la filosofía de Dale Carnegie es para falsos.

De hecho, la palabra «*phony*» (que significa «falso») es otra contribución de Estados Unidos. Aunque parezca extraño, significa exactamente lo mismo que la palabra «personalidad». En el teatro griego, los actores utilizaban máscaras y hablaban a través de ellas. *Sona* significa sonido, y al sonido que procede de una máscara, en griego, se le denomina *persona*; no se trata de una verdadera persona, sino de la máscara. No se sabe quién está detrás de ella; sólo se oye el sonido y se ve la máscara. La máscara sólo es eso, una máscara, no puede hablar, y al que habla no se le ve; está oculto tras la máscara. La palabra «personalidad» procede de *persona*. Y «*phony*» es exactamente lo mismo.

Desde la aparición del teléfono, se puede escuchar la voz de las personas desde la distancia, sin ver al interlocutor. Y, además, la voz no es exactamente igual; cuando llega por cable o por ondas, cambia mucho. Es falsa; «*phony*» procede de «*phone*», teléfono. Extrañamente, «*persona*» y «*phony*» significan exactamente lo mismo. No ves a quién está hablando, sólo escuchas la voz. Que, además, ha sufrido un cambio al pasar a través del mecanismo del teléfono o de la máscara; la voz no es exactamente igual.

La filosofía de Dale Carnegie produce falsos, pero el verdadero propósito es influir en la gente. ¿Por qué? Para ganar amigos; pero ¿por qué? ¿Qué necesidad hay?

Hay que entender dos cosas. Primero, influir en la gente sólo es un medio para ganar amigos. Hay que subrayar la palabra *ganar*. Contiene toda la política. Cuanto mayor es el número de personas en las que influyes, más poder tienes. Tu poder depende de la cantidad de personas que te apoya, de la cantidad de personas en la que tu influencia es tal que están dispuestas a hacer cualquier cosa por ti.

Por eso, los políticos siempre utilizan un lenguaje ambiguo, se puede interpretar como se quiera, para poder influir en muchas personas. Si fuera claro, si lo que dijera fuera absolutamente científico, sin ninguna ambigüedad, certero, si sólo tuviera un significado, puede que sólo tuviera éxito con personas molestas.

Eso es lo que yo he estado haciendo toda mi vida: cómo perder amigos, cómo crear enemigos. Si a alguien le interesa, puede aprenderlo de mí. Y eso se debe a que yo no quiero influir en nadie. La propia idea es horrible, nada humanitaria. Influir significa interferir, traspasar, arrastrarte por un camino que no es el tuyo, hacerte hacer cosas que nunca se te habrían ocurrido. Influir sobre alguien es el acto más violento del mundo.

Yo nunca he intentado influir en nadie. Otra cosa es que alguien haya visto algo de verdad en lo que yo estaba diciendo o en lo que estaba siendo, pero yo no estaba haciendo nada con la intención de influir en él. Si, a pesar de mí, ha sido capaz de ver algo, toda la responsabilidad es suya.

Jesús le dijo a su gente: «El día del juicio final separaré mis ovejas y le diré a Dios que son mi gente; han de ser salvados. Los demás no me importan». Si existiera algo parecido al juicio final, y fuera yo quien tuviera que separar las ovejas, no podría encontrar ni una sola, porque nunca he influido en nadie. Y es cierto que, cuando influyes en alguien, te conviertes en el pastor y esa persona se convierte en una simple oveja. Estás reduciendo seres humanos a ovejas; les estás quitando su humanidad. En el nombre de su salvación, los estás destruyendo.

No te dejes influir por nadie.

No te dejes impresionar por nadie.

Mira, ve, sé consciente y elige.

Pero recuerda, la responsabilidad es tuya.

No puedes decir: «Señor, te he seguido; ahora, sálvame».

Nunca sigas a nadie, porque así es como te desvías de ti mismo.

Dale Carnegie empezó toda esta escuela de filosofía positiva, de pensamiento positivo: no veas la parte negativa, no veas el lado oscuro. Pero ¿acaso crees que, no viéndolo, desaparecerá? Te estás engañando a ti mismo. No puedes cambiar la realidad. La noche seguirá estando ahí; puedes pensar que es de día las veinticuatro horas pero, por pensarlo, no va a haber luz las veinticuatro horas del día.

Lo negativo forma parte de la vida, tanto como lo positivo.

Se equilibran entre ellos.

Después de Dale Carnegie, el gran nombre en la tradición de este pensamiento positivo es Napoleon Hill. *Piensa y hazte rico* es su mayor contribución al mundo, un libro escrito maravillosamente, pero es basura. Piensa y hazte rico... no tienes que hacer nada, sólo tienes que pensar en términos absolutamente positivos y la riqueza empezará a fluir hacia ti. Si no viene, significa que no has pensado en positivo con la totalidad suficiente.

Se trata de uno de esos bonitos juegos en los que no puedes ganar a quien los propone. Él tiene la clave en sus manos. Y aunque, por casualidad, lo consiguieras, él seguiría ganando porque su filosofía, piensa y hazte rico, habría tenido éxito. Has estado pensando y pensando positivamente que sobre ti están lloviendo dólares, no copos de nieve, sino dólares cayendo sobre ti, y de repente tu tío se muere y te deja una gran herencia. ¡Naturalmente, el pensamiento positivo funciona!

Pero el 99 por ciento de las veces no tendrás éxito. Además, sabes perfectamente que tu pensamiento positivo no es totalmente positivo; sabes que hay duda. De vez en cuando, abres los ojos para ver si son dólares o simples copos de nieve, y luego vuelves a cerrar los ojos y a pensar que están lloviendo dólares. Pero la duda de que, en realidad son copos de nieve, sigue estando ahí. ¿A quién intentas engañar? Pululando en tu mente, hay un montón de pensamientos como: «Esto no tiene sentido, no debería estar perdiendo el tiempo, podría estar ganando algunos dólares; de esta forma, en vez de ganar, voy a perder».

Pero Napoleon Hill, con una maravillosa fluidez, expone casos en los que alguien ha tenido éxito con el pensamiento positivo. Y siempre se puede encontrar alguien, este mundo es lo bastante grande. Se puede encontrar un ejemplo de cualquier cosa. De hecho, si buscas bien, encontrarás cientos de ejemplos. Y eso, exactamente, es lo que ha estado haciendo toda esta gente: encontrar casos y exponerlos en una hermosa prosa poética. Y claro, como todo el mundo quiere ser rico, explotan su ambición, su deseo. Les ofrecen un método muy sencillo, y no les piden nada a cambio.

No. Yo no creo en ninguna filosofía de pensamiento positivo; tampoco creo en lo opuesto, en la filosofía del pensamiento negativo, que también existe. Lo positivo y lo negativo hacen un todo. Mi filosofía es holística: ni positivista ni negativista, sino holística, realística. Ver el todo en su totalidad, sea lo que sea. En lo bueno y malo, el día y la noche, la vida y la muerte, existen ambas caras.

Mi enfoque es ver exactamente las cosas tal como son.

No es necesario proyectar ninguna filosofía en ellas.

cinco

AMBICIONES ELEVADAS

Todos los llamados grandes pensadores, filósofos y teólogos son como los astrónomos. No ven lo que está cerca; sus miradas están fijas en la distancia sobre un imaginario Dios, sobre un paraíso más allá de la muerte.

No me importan nada sus dioses, no me importa en absoluto lo que te vaya a ocurrir después de morir. Lo que me importa es lo que te está ocurriendo en este momento, a ti, a tu conciencia. Porque ella siempre estará contigo, más allá de la muerte, dondequiera que vayas. Tu conciencia llevará la luz que separa lo malo de lo bueno.

Todo aquello que te haga estar más alerta, más consciente, más tranquilo, más silencioso, más celebrativo, más festivo, es bueno.

Todo aquello que te vuelva más inconsciente, más desdichado, más envidioso, más airado, más destructivo, es malo.

Todo el dolor y el sufrimiento del mundo dejan en mí una gran tristeza, ¡porque este mundo es maravilloso! Y mientras no despierte siento que, de alguna forma, yo también formo parte de esa inconsciente crueldad y estupidez, y realmente quiero salirme de eso.

Algunas veces, siento que he hecho mucho a lo largo de los años, que lo he intentado arduamente y que ya es hora de

relajarse y esperar, de dejar que las cosas, simplemente, ocurran. Pero me pregunto si realmente habré hecho lo suficiente.

Es verdad que el sufrimiento y la desdicha del mundo son enormes y que, a la vez, el mundo es maravilloso, divino. ¿Qué está generando esta contradicción? La contradicción no existe en el mundo propiamente, sólo existe en la mente del hombre. Ha sido el hombre quien ha introducido la desdicha y el sufrimiento en el mundo; si no, el mundo sería un lugar absolutamente inocente. Pero ¿por qué la mente trae consigo tanta desdicha y tanto sufrimiento? Es necesario entender las razones.

La mente lleva milenios siendo adiestrada para ser más eficiente, para ser más competitiva, para ser más ambiciosa. Esas cosas en sí parecen muy inocentes, pero el resultado ha sido toda la desdicha y el sufrimiento que ves a tu alrededor. Todas nuestras culturas, religiones, ideologías políticas y, con mayor importancia nuestros sistemas educativos, están basados en un principio fundamental: cómo tener más éxito que los demás.

Un niño pequeño no tiene idea de cuál será el resultado de todo esto. Pero, en cuanto empiezas a luchar por el éxito, que casi se ha convertido en el verdadero objetivo de la vida, empiezas a generar desdicha a tu alrededor. Tus ambiciones no son tan inocentes, porque hacen que tengas inclinaciones a ser más rico que los demás... Todo se basa en la comparación con los demás.

Y para ser rico necesitas un océano de pobreza a tu alrededor; es la única forma de conseguir hacerte rico. La pobreza de millones es un requisito absolutamente necesario. Para tener éxito en ganar poder, tienes que destruir a millones de personas: su orgullo, su dignidad y hasta su humanidad. Tienes que reducirlos a diferentes tipos de esclavitud: económica, política, psicológica, espiritual. Sólo así puedes llegar al poder.

Tienes que mantener al mundo en un estado de guerra constante, ya sea fría o caliente. Adolf Hitler, en su autobiografía, tiene muchas percepciones. Una de ellas es que los grandes hombres de la historia sólo se producen en tiempos de guerra; la paz no produce nada. Es casi un tópico; repasa todos los grandes héroes de la historia. Son productos de la guerra, no de la paz. En tiempos de paz, disfrutas de la vida, te relajas; en tiempos de guerra, los astutos, los listos, los que están dispuestos a utilizar cualquier medio para conseguir llegar a la victoria, llegan a ser grandes líderes. Sus caminos hacia el liderazgo están manchados por la sangre de millones de personas.

Entre los árboles no existen grandes árboles; todos ellos son, simplemente, árboles hermosos. Los pequeños y los grandes no se comparan, ni padecen ningún complejo de inferioridad o superioridad. Sólo el hombre padece de esos complejos, porque su ideal es el éxito. Todo ha de ser tasado según el criterio del éxito. Si has tenido éxito, todo lo que hayas hecho habrá estado bien. El éxito lo arregla todo. Y si has fracasado, todo lo que hayas hecho habrá estado mal, como si el éxito y el fracaso fueran los únicos criterios de los valores humanos.

Pero eso es lo que enseña nuestra educación... nuestra educación es sumamente destructiva. En lugar de educación, es mala educación. Tiene que cambiarse, transformarse por completo. La ambición, el éxito, la comparación y cosas por el estilo tienen que ser totalmente extirpadas de la mente humana, y es posible. En lugar de enseñar esas cosas horribles, la educación debería proporcionar mejores formas de vivir, formas de vivir más plena e intensamente; mejores formas de amar, mejores formas de embellecer la existencia, sin ninguna comparación con los demás, tan sólo por pura satisfacción.

Ama, canta, baila, no como un competidor, sino como alguien que quiere compartir su alegría, su canción y su danza con sus compañeros seres humanos. Comparte lo que sea que tengas, cada ser humano tiene algo único que aportar al mundo...

Pero tu educación te enseña a imitar, tus religiones te enseñan a imitar. Nadie te dice: «Simplemente, sé tú mismo, ahí es donde está tu paraíso». Te dicen: «Sigue esto, imita aquello». Te dan ideales: «Conviértete en un Gautama Buda, o en un Jesucristo». Pero nunca, ni por error, te dicen: «Simplemente, sé tú mismo; relájate, disfruta de tu ser y lleva tu potencial a su máximo desarrollo».

No serás un buda, no puedes ser un buda. Además, ya no se necesitan más budas; con uno es suficiente, más que suficiente. Tienes que ser tú mismo... Pero toda la sociedad te condena. Tal como eres, no eres digno; tu trabajo consiste en traicionarte a ti mismo. Y el hombre que se traiciona a sí mismo está condenado a sufrir toda su vida. Comete el mayor pecado, quizá el único pecado que existe.

No existe ningún Dios que traicionar, no existe ninguna doctrina religiosa que traicionar, esas cosas sólo son ficciones. La única realidad que puedes traicionar es tu propio ser. Cuando te traicionas a ti mismo, pierdes autoestima; y cuando una persona ha perdido su autoestima, vive como una herida que cada vez duele más y más.

Así pues, tienes razón: el mundo es maravilloso, el canto de los pájaros, los árboles, las flores, la lluvia, los océanos y las montañas, todas las cosas son hermosas. Y son inmensamente hermosas por la sencilla razón de que son ellas mismas. El hombre ha sido el único que ha traído al mundo un estado de fealdad con la comparación, con la competición, con la idea del éxito, con la imitación, con la condena a uno mismo y el elogio al otro.

Yo les enseño a tener un orgullo propio. No es ego, porque no hay comparación con nadie. El ego es una comparación; el orgullo es, simplemente, autoestima, es el sentimiento de dignidad de que la existencia te necesita y tienes que realizar las esperanzas de la existencia; de que tienes que ser tú mismo, y no al mínimo sino al máximo; de que tienes que llevar todas las flores a su florecimiento, tus flores. Ya sean margaritas, rosas o lotos, eso da igual. Lo que importa es que lleguen a florecer. Tu vida se debería convertir en una primavera, en una continua celebración.

Me estás preguntando: «Siento que he hecho mucho a lo largo de los años, que lo he intentado arduamente y que ya es hora de relajarse y esperar». Ten en cuenta que todo aquello que es arduo, todo aquello que es agotador, todo aquello que parezca una barrera que quieras eliminar, es antinatural.

Has ido en contra de la naturaleza, has ido en contra de la corriente de la propia vida, por eso las cosas se han puesto tan duras. Si te hubieras dejado llevar por el río, sin luchar contra su corriente, habrías disfrutado de la frescura del río, de su vitalidad, de los árboles en las orillas, de los amaneceres, de los atardeceres, de los días hermosos, de las hermosas noches estrelladas. Tu vida habría sido naturalmente relajada y en un estado de dejar ir.

Todos esos años que te has estado esforzando tanto sólo muestran tu ignorancia, nada más. No entiendes que la naturaleza es muy relajada; en cuanto te vuelves antinatural, aparecen en ti las tensiones, las ansiedades, la angustia. Y puede que tengas buenísimas razones para estar ansioso y tenso; erradicar la desdicha del mundo, eliminar todo sufrimiento en el mundo, buenísimas intenciones. Pero recuerda, el camino al infierno está pavimentado de buenas intenciones. Las buenas intenciones no ayudan en nada.

Lo que ayuda es un profundo entendimiento de la relajación de la existencia, y estar en armonía con ella. Entonces, habrás hecho mucho sin esforzarte.

¡Ahora quieres relajarte y esperar! ¿Qué vas a hacer con todos esos hábitos de luchar y de trabajar duramente? No te dejarán relajarte fácilmente, se han convertido en tu segunda naturaleza. Aprender cosas erróneas es fácil, pero deshacerse de ellas es muy difícil porque te entran en la sangre, en los huesos, en la médula, casi se vuelven parte de ti.

La relajación debería ser lo más sencillo del mundo; sin embargo, es lo más difícil. Y no es que sea difícil, lo que pasa es que, como las personas están acostumbradas a esforzarse mucho, si les dices que se relajen, que no hagan nada, que sólo esperen... parece sencillo, pero no pueden limitarse a esperar. Harán algo, tienen que hacer algo. Es como una especie de posesión, como si estuvieran poseídos por cierta estructura de vida.

Pero aún no es demasiado tarde. Si quieres relajación, paciencia y espera, no pierdas tiempo. Ése es el camino de la vida. Te has desviado, has regresado a lo fácil, y lo fácil es lo correcto; a lo simple, y lo simple es lo correcto.

Y me preguntas: «¿Habré hecho lo suficiente?».

¡Has hecho demasiado! No deberías haber hecho nada en absoluto, porque no es así como se cambia. La relajación traerá consigo una transformación en ti, y en cuanto eres transformado, te conviertes en algo parecido a una llama, una llama que puede compartir su fuego con otras llamas apagadas. Atraerá, sin que tengas que hacer nada, a todos aquellos que están sedientos de luz. Atraerá a todos aquellos que se han estado perdiendo todos los gozos de la vida, todas las cosas bellas de la vida; que han estado malgastando su tiempo y energía en esfuerzos innecesarios.

Las grandes cosas no ocurren por tus acciones, sino cuando sólo estás esperando con las puertas abiertas; las grandes cosas ocurren espontáneamente, por sí solas. Cuando conoces el secreto de la espontaneidad, y sabes que la existencia rebosa compasión, amor, dicha y todo lo que siempre has estado buscando, cuando dejas de correr de acá para allá, toda la existencia se vuelve accesible a ti.

Además, en realidad no has hecho tanto; pareces sentirte un poco orgulloso al respecto. ¿Cuál ha sido el resultado? ¿Cuánto ha disminuido la desdicha del mundo? ¿Cuánto ha disminuido el sufrimiento en el mundo? ¿Cuánto lo han embellecido, lo han mejorado, tus esfuerzos? Y al margen del mundo... ¿Qué han hecho contigo? Tus esfuerzos, tus arduos esfuerzos, ¿qué han hecho por ti? ¿Acaso eres más maduro, más centrado, más dichoso, estás más cómodo con la vida? ¿Te has conocido más a ti mismo? ¿Has penetrado más en los misterios de tu ser? ¿Cuál es tu ganancia total? Tan sólo cansancio y hastío... e incluso puede que tu arduo trabajo haya sido peligroso para mucha gente, aunque ni siquiera te hayas dado cuenta.

En una escuela dominical, la maestra les recordaba a los niños y niñas: «Como ya les dije la semana pasada, no hay que dejar que pase un solo día sin haber hecho una buena obra».

El domingo anterior, les había estado hablando de la caridad, de las buenas obras: «Porque ésa es la única forma de ser espirituales, virtuosos, religiosos, dignos a los ojos de Dios».

Un niño dijo: «Entiendo lo que está diciendo pero me gustaría que nos diera algún ejemplo claro de lo que se considera "una buena obra"».

Así pues, expuso un ejemplo para que los alumnos lo entendieran: «Por ejemplo, hay una ancianita que quiere cruzar la calle. Es hora punta y puede que sea ciega; entonces, ayudándola a cruzar la calle, estarían haciendo un acto caritativo, una buena obra».

El siguiente domingo, les preguntó: «¿Quién ha hecho alguna buena obra esta semana?». Un niño levantó el brazo en alto, luego otro y después otro. Sólo tres niños en toda la clase. Pero, aunque se sentía frustrada porque en toda la semana sólo tres niños hubieran hecho buenas obras, quiso saber lo que habían hecho.

Le preguntó a uno de los niños, y éste le contestó: «Hice exactamente lo que usted nos dijo: ayudé a una ancianita a cruzar la calle. Y fue muy difícil, muy difícil».

La maestra no lograba entender por qué había sido tan difícil, pero pensó que quizá el tráfico era muy intenso. Luego, le preguntó al segundo niño. Éste contestó: «Yo también ayudé a una ancianita ciega a cruzar la calle; y fue lo más difícil que he hecho en mi vida». La maestra no lograba entender cómo esos dos niños habían encontrado a dos mujeres ciegas, pero podía tratarse de una coincidencia. Entonces, le preguntó al tercero, quien contestó: «Yo hice lo mismo. Ayudé a una anciana a cruzar la calle; pero le aseguro que no voy a volver a hacer ni una más de esas obras. Fue muy difícil».

La maestra dijo: «¡Estoy asombrada! ¿Cómo es posible que encontraran a tres mujeres ciegas?».

Ellos dijeron: «¿Quién ha hablado de tres? Era la misma mujer ciega; los tres la ayudamos a cruzar y resultó muy difícil porque ella no quería. Empezó a golpearnos con su bastón, pero nada nos iba a impedir hacer una buena obra. Aunque nos apaleara, conseguimos llevarla al otro lado. Además, gritaba como una loca diciendo: "No quiero cruzar la calle". Pero se acabó, no volveremos a hacer ese tipo de obras. Todavía nos duelen los huesos».

Así pues, a lo mejor, has estado trabajando intensa y duramente por el avance de la humanidad, por la mejora de la humanidad, pero ¿ha servido de algo o, por el contrario, la humanidad se ha hundido aún más? Es bueno que hayas decidido relajarte.

Relájate. No te dediques a ayudar a ancianitas a cruzar la calle; ellas se las arreglarán.

Las personas que insisten en ayudarte no tienen en cuenta si tú quieres que te ayuden o no. Durante la época que viajaba a menudo por la India, en muchas ocasiones me molestaban, no me podía creer que existieran personas tan absolutamente inconscientes de lo que hacen.

Una noche, ya tarde, me encontraba en el tren, en la intersección de Chittaurgarh. Estaba solo en mi compartimento y entró un hombre que empezó a masajearme los pies. Le dije: «No necesito un masaje. Por favor, déjame dormir, sería muy amable de tu parte».

Él contestó: «Cuando estabas impartiendo el campamento de meditación en Udaipur, intenté llegar a ti por todos los medios, pero tus secretarias y los demás no me dejaron entrar. Pero he decidido servirte de una forma u otra. He venido hasta Chittaurgarh sólo para verte a solas. Puedes dormir, pero te daré un masaje en los pies».

Le dije: «¿Cómo voy a dormir mientras masajeas mis pies?».

Y él me contestó: «Ése es tu problema».

Me ha ocurrido muchas veces, de formas diferentes. En cierta ocasión, viajaba de Calcuta a Benarés. Tenía fiebre; estaba totalmente agotado después de haber dirigido un campamento de meditación de siete días en Calcuta. Sólo quería tomar alguna medicina y acostarme. Entonces, entró un hombre. Le pregunté: «¿Qué quieres?».

Y me contestó: «No quiero nada. Simplemente, me quedaré sentado en el suelo; siempre he querido sentarme a tus pies y ahora tengo la ocasión».

Aunque le dije: «Escucha, tengo fiebre y quiero dormir, y tu presencia será una molestia para mí», no me escuchaba.

En la India existe la creencia de que las personas espirituales no tienen fiebre, ni necesitan dormir, ni necesitan descansar nunca. Tienen que ser accesibles a todo el mundo, las veinticuatro horas del día. Y no sólo ocurre con personas sin educación. Una tarde, en Jaipur, cuando dormía, de repente, oí que alguien caminaba por el tejado sobre mi habitación, y luego vi que quitaba una teja para verme desde arriba. Le pregunté: «¿Qué haces ahí arriba?».

Él dijo: «Nada... nunca te había visto desde cerca. En tus eventos siempre hay miles de personas, y siempre estoy tan lejos que no puedo verte la cara. Puedes descansar, puedes acostarte, esperaré aquí».

Pero el jardinero del chalé, que había visto al hombre, vino enseguida y le obligó a bajar. Le pregunté al jardinero: «¿Conoces a este hombre?».

Él me contestó: «Lo conozco. Es un oficial del gobierno, muy culto».

Pero en la India, se piensa que por el mero hecho de ver a un santo se adquiere gran virtud. Lo que le ocurra al santo, no les importa, ése es su problema. ¿Cómo vas a poder quedarte acostado y descansar con alguien sentado justo sobre tu cabeza, mirándote?

Has hecho suficiente, más que suficiente. Ahora, ten piedad de ti mismo y de los demás. Relájate, has llegado a una conclusión muy buena. Puedes ayudar más al mundo relajándote.

¿Cómo puedo dejar de querer ser especial?

Eres especial, no hace falta que quieras ser especial. Eres especial, eres única; la existencia nunca crea nada inferior a eso. Cada persona es única, totalmente única. Nunca ha habido ni volverá a haber una persona como tú. La conciencia ha tomado esta forma por primera y última vez; por lo tanto, no hace falta que intentes ser especial, ya lo eres. Si intentas ser especial, te volverás corriente. Tu propio esfuerzo está arraigado en ese malentendido. Generará confusión, porque cuando intentas ser especial, das por garantizada una cosa, que no eres especial. Ya te has vuelto corriente. Te has perdido.

Y ahora, una vez que has dado por garantizado que eres corriente, ¿cómo vas a volverte especial? Lo intentarás de mil maneras, pero seguirás siendo corriente, porque tu base, tus cimientos, son erróneos. Sí, puedes ir a la modista y comprar los vestidos más sofisticados, puedes hacerte un peinado nuevo, puedes maquillarte. Puedes aprender unas cuantas cosas y hacerte más culta, puedes pintar y empezar a pensar que eres pintora; puedes hacer algunas cosas, puedes hacerte famosa y notoria pero, en el fondo, sabrás que eres corriente. Todas esas cosas son externas. ¿Cómo vas a transformar tu alma corriente en un alma extraordinaria? No hay manera, y no hay ninguna manera porque la existencia nunca hace almas corrientes, y no se preocupará por tus problemas. Ya te ha sido dada un alma especial, extraordinaria. Nunca se le ha dado a nadie más. Ha sido hecha especialmente para ti.

Lo que me gustaría decirte es que reconozcas que eres especial. No es algo que tengas que conseguir, ya lo tienes; sólo debes darte cuenta. Entra en ti y siéntelo. No hay nadie con una huella dactilar como la tuya, ni siquiera la misma huella dactilar. No hay nadie con unos ojos como los tuyos; no hay nadie con una voz como la tuya; no hay nadie con un sabor como el tuyo. Eres absolutamente excepcional. No existe ningún doble tuyo en ninguna parte. Incluso los gemelos son diferentes, por mucho que se parezcan, son diferentes. Toman caminos diferentes, crecen de formas diferentes; adquieren diferentes tipos de individualidades.

Este reconocimiento es necesario.

Preguntas: «¿Cómo puedo dejar de querer ser especial?». Simplemente, siendo consciente de ello. Simplemente, entrando en tu ser y viendo; entonces, el esfuerzo de ser especial desaparecerá. Cuando sepas que *eres* especial, el esfuerzo desaparecerá. Y si lo que querías es que te diera alguna técnica para dejar de ser especial, cualquier técnica sería un estorbo. De nuevo, volvería a ser un intento de hacer algo, volvería a ser un intento de convertirte en algo. Antes estabas intentando volverte especial; ahora estás intentando *no* volverte especial. Pero siempre intentando… intentando… mejorando de una forma u otra, pero nunca aceptándote tal como eres.

En resumen, mi mensaje es: Acéptate tal como eres, porque la existencia lo acepta.

La existencia respeta tu ser, y tú no lo has respetado aún. Deberías sentirte inmensamente feliz de que la existencia te haya elegido a ti para existir, para ver este mundo, para escuchar esta música, para ver las estrellas, para ver a la gente, para amar y ser amado; ¿qué más quieres? ¡Celébralo! Y en esa misma celebración, con el tiempo, estallará en ti como un relámpago que eres especial.

Pero recuerda, no vendrá en forma de presunción por ser especial comparado con los demás. No, en ese momento, sabrás que todo el mundo es especial. Lo corriente no existe.

Por lo tanto, ése debe ser el criterio. Si piensas que eres especial, más especial que aquel hombre, más especial que aquella mujer, es que todavía no has entendido nada. Es un juego del ego. Eres especial no por comparación, especial sin compararte con nadie, especial tal como eres.

Un profesor fue a ver a un maestro zen y le preguntó: «¿Por qué no soy como tú? ¿Por qué no tengo el silencio que tienes tú, por qué no tengo la sabiduría que tienes tú? Éste es mi deseo».

El maestro le dijo: «Espera. Siéntate en silencio. Observa. Obsérvame, y obsérvate a ti mismo. Y cuando todos los demás se hayan ido, si la pregunta todavía sigue en pie, responderé».

Durante todo el día estuvo entrando y saliendo gente y los discípulos estuvieron haciendo preguntas, y una gran inquietud se iba apoderando del profesor; estaba perdiendo el tiempo. Pero aquel hombre le había dicho que sólo podría volver a preguntar cuando todos los demás se hubieran ido.

Finalmente, cuando estaba anocheciendo, se quedaron solos. Entonces, el profesor dijo: «Ya es suficiente. Llevo todo el día esperando. ¿Qué hay de mi pregunta?».

La luna estaba saliendo —era una noche de luna llena— y el maestro le preguntó: «¿Todavía no tienes la respuesta?».

El profesor le contestó: «Pero si no me has respondido».

El maestro se rió y dijo: «He estado respondiendo a mi gente todo el día. Si hubieras observado, habrías entendido. Pero salgamos. Vayamos al jardín, hay una hermosa noche de luna llena». Cuando salieron, el maestro le dijo: «Mira este ciprés — un gran ciprés, imponente, que casi tocaba la luna. La luna estaba enredada en sus ramas—. Y mira este pequeño arbusto».

Pero el profesor dijo: «¿De qué estás hablando? ¿Has olvidado mi pregunta?».

El maestro dijo: «Estoy respondiendo a tu pregunta. Este arbusto y este ciprés llevan años viviendo en mi jardín. Nunca he oído al arbusto preguntarle al ciprés: "¿Por qué no soy como tú?". Ni he escuchado al ciprés preguntarle al arbusto: "¿Por qué no soy como tú?". El ciprés es un ciprés, y el arbusto es un arbusto; y ambos son felices siendo ellos mismos».

Yo soy yo, tú eres tú. Es la comparación lo que trae conflicto. La comparación trae ambición, la comparación trae imitación. Si preguntas: «¿Por qué no soy como tú?», empezarás a intentar ser como yo, y eso significaría deshacer toda tu vida. Te convertirías en un imitador, en una copia. Y siendo un imitador, te pierdes todo el respeto a ti mismo.

Es muy difícil encontrar una persona que se respete a sí misma. ¿Por qué es tan inusual? ¿Por qué no sientes reverencia por la vida, tu propia vida? Y si no la sientes por tu propia vida, ¿cómo vas a sentirla por la de los demás? Si no respetas a tu propio ser, ¿cómo vas a respetar al rosal y al ciprés, a la luna y a la gente? ¿Cómo vas a respetar a tu maestro, a tu padre, a tu madre, a tu amigo, a tu mujer, a tu marido? ¿Cómo vas a respetar a tus hijos si no te has respetado a ti mismo? Y es muy inusual encontrar a una persona que se respete a sí misma.

¿Por qué es tan inusual? Porque te han enseñado a imitar. Desde la infancia, te enseñan que tienes que ser como Jesucristo, o como Buda. Pero ¿por qué? ¿Por qué tienes que ser como Buda? Buda nunca fue tú; Buda fue Buda. Cristo fue Cristo, Krishna fue Krishna. ¿Por qué deberías ser como Krishna? ¿Qué error has cometido, cuál ha sido tu pecado para tener que ser como Krishna? La existencia nunca creó otro Krishna, nunca creó otro Buda, otro Cristo, ¡nunca! Porque no le gusta repetir las mismas cosas una y otra vez. Es creativa, no es una cadena de montaje. Crea originales, nunca vuelve a crear lo mismo.

Lo mismo no sería valioso. Imagínate: un Krishna andando por ahí, de nuevo sobre la tierra, el mismo tipo de hombre. ¡Parecería un bufón! Sólo le aceptarían en un circo, en ninguna otra parte, porque sería repetitivo. Tendría que volver a recitar el Gita de nuevo, con Arjuna o sin él, aún si ocurriese la gran guerra Mahabharata o no, pero tendría que volver a repetir su Gita. Y andaría por ahí con su indumentaria, que le daría un aspecto ridículo.

Imagínate a Jesús de nuevo entre ustedes. ¡No encajaría! Estaría pasado de moda, sería antiguo, sólo sería útil en un museo, en ninguna otra parte.

La existencia nunca repite. Pero siempre te han dicho que tienes que ser como otro. «Sé como otro, el hijo del vecino, sé como él. Mira lo inteligente que es. Mira... esa chica, qué gracia tiene caminando. ¡Sé así!» Siempre te han enseñado que seas como otro.

Nadie te ha dicho que seas tú mismo, y que seas respetuoso con tu ser, que es un don.

Nunca imites, eso es lo que yo predico. Nunca imites. Sé tú mismo, es lo menos que le debes a la existencia. ¡Sé tú mismo! Sé tú mismo auténticamente, entonces sabrás que eres especial. ¡Dios te ha amado intensamente, por eso existes! Es la causa principal de que existas; de no ser así, no habrías existido. Es la prueba de un inmenso amor por ti.

Pero no es que seas especial en comparación con nadie más, no es que seas especial comparado con tus vecinos, con tus amigos, con tu esposa, con tu marido. Simplemente, eres especial porque eres único. Eres la única persona exactamente como tú. Con esta perspectiva, con esta comprensión, los esfuerzos por ser especial desaparecerán.

Todos tus esfuerzos por ser especial son como intentar ponerle patas a una culebra. Matarías a la culebra. Tú piensas que le quieres poner piernas a la culebra por compasión. «Pobre culebra, ¿cómo va a caminar sin patas?». Como si la culebra cayese en manos de un ciempiés. Y el ciempiés, sintiendo compasión por la culebra, pensara: «Pobre culebra. Yo tengo cien patas y ella no tiene ni una. ¿Cómo va a caminar? Necesita unas cuantas patas». Pero si operara a la serpiente y le implantara unas cuantas patas, ¡la mataría! La culebra está perfectamente tal como es, no necesita ninguna pata.

Tú estás perfectamente tal como eres. Esto es lo que yo llamo respeto hacia el propio ser. Pero el respeto a uno mismo no tiene nada que ver con el ego, recuerda. Respetarse a uno mismo no es autoestima. Respetarse a uno mismo es respetar al creador, porque tú eres un cuadro, un cuadro divino. Respetando al cuadro, respetas al pintor.

Respeta, acepta, reconoce, y todos esos estúpidos esfuerzos por ser especial desaparecerán.

Al parecer, el deseo de poder procede del ego, aunque no estoy seguro de lo que eso significa. ¿Qué es el ego? Al no estar iluminados, ¿estamos siempre funcionando a través del ego o hay momentos en los que estamos libres de él?

El hombre no tiene un centro separado del centro del todo. En la existencia sólo hay un centro; los antiguos solían llamarlo Tao, *dhamma*, Dios. Esas palabras ya se han quedado anticuadas, así que puedes llamarlo verdad. En la existencia sólo hay un centro. No existen muchos centros, si no, el universo no sería realmente un universo, sería un *multiverso*. Es una unidad, por eso se le llama «universo»; sólo tiene un centro.

Pero eso es algo sobre lo que hay que meditar un poco. Ese centro es mi centro, tu centro, el centro de todos. Ese centro no significa que tú carezcas de centro, ese centro simplemente significa que tú no tienes un centro *separado*.

Expongámoslo de otra forma. Con un centro se pueden hacer muchos círculos concéntricos, muchísimos círculos. Si tiras una piedra a un lago tranquilo, donde cae la piedra surge un centro y luego surgen muchos círculos concéntricos que se van alejando hasta las orillas, millones de círculos concéntricos, pero todos ellos comparten un mismo centro.

Cada uno de ellos puede reclamar este centro como suyo. Y, en cierto modo, *es* su centro, pero no es sólo suyo. El ego surge al reclamar: «El centro es mío, sólo mío. No es tu centro, es mi centro; es mío». La idea de un centro separado es el origen del ego.

Cuando un niño viene al mundo, lo hace sin un centro propio. Los primeros nueve meses, que pasa en el vientre de su madre, funciona con el centro de su madre como su centro; no está separado. Luego, nace. Entonces, resulta útil pensar que uno tiene un centro separado; si no, la vida sería muy difícil, casi imposible. Para sobrevivir, para la supervivencia en la lucha de la vida, todo el mundo necesita tener cierta idea de quién es. Y nadie tiene la más mínima idea. De hecho, nadie puede saberlo jamás porque, en el nivel más profundo, todavía somos un misterio. No puedes tener ni la más mínima idea. En el nivel más profundo, no eres un individuo, eres universal.

Por eso, si le preguntas a Buda: «¿Quién eres tú?». Se quedará en silencio, no responderá. No podrá, porque ya no está separado. Él es el todo. Pero en la vida cotidiana, incluso Buda tiene que usar la primera persona. Si tiene sed, tiene que decir: «Tengo sed. Ananda, tráeme un poco de agua. Tengo sed».

Para ser totalmente correcto, debería decir: «Ananda, trae un poco de agua. El centro universal tiene un poco de sed». Pero eso sonaría ridículo. Y repetirlo todo el tiempo —el centro universal tiene hambre, el centro universal tiene frío, el centro universal está cansado— sería innecesario, absolutamente innecesario. Por lo tanto, sigue utilizando el viejo significativo término «yo». Es muy significativo; aunque sea una ficción, sigue siendo significativo. Hay muchas ficciones que son significativas.

Por ejemplo, tu nombre. Es una ficción. Viniste sin nombre, no trajiste un nombre contigo, el nombre te lo han puesto. Luego, con la repetición constante, llegaste a identificarte con él. Sabes que tu nombre es Sally o Rahim o David. Y queda arraigado tan profundamente que si las tres mil personas aquí presentes se quedaran dormidas en este auditorio y alguien viniera y dijera: «Rahim, ¿dónde estás?». Nadie, excepto Rahim, lo oiría. Rahim diría: «¿Quién perturba mi sueño?». Incluso dormido sabe su nombre; se ha infiltrado en el inconsciente, se ha ido filtrando y filtrando. Pero es una ficción.

Pero cuando digo que es una ficción, no estoy diciendo que sea innecesaria. Es una ficción necesaria, es útil; porque si no, ¿cómo podrías dirigirte a la gente? Si quieres escribir una carta a alguien, ¿a quién se la escribirías?

En cierta ocasión, un niño le escribió una carta a Dios. Su madre estaba enferma y su padre había muerto y no tenían dinero, así que le pidió a Dios cincuenta dólares.

Cuando la carta llegó a la oficina de correos, se quedaron perplejos. No sabían qué hacer con ella, dónde enviarla. Lo único que había escrito en el sobre era: Dios. Así que la abrieron. El niño les dio tanta pena que decidieron hacer una colecta y enviarle el dinero. Reunieron algo de dinero, pero el niño pedía cincuenta dólares y ellos sólo pudieron reunir cuarenta.

Unos días después llegó otra carta, de nuevo dirigida a Dios. El niño había escrito: «Querido Señor, por favor, la próxima vez que me mandes dinero, mándamelo directamente, no por correo. Cobran una comisión demasiado alta, ¡diez dólares!».

Si nadie tuviese nombre, sería muy difícil. Aunque en realidad nadie tiene nombre, no obstante, es una ficción bonita, útil. Los nombres son necesarios para podernos llamar, el «yo» es necesario para nombrarse a uno mismo, pero sólo es una ficción. Si profundizas en tu interior, descubrirás que el nombre ha desaparecido, la idea del «yo» desaparece; sólo queda una pura soy-dad, es-dad, existencia, ser.

Y ese ser no está separado, no es tuyo y mío; ese ser es el ser de todo. Las rocas, los ríos, las montañas, los árboles, todo está incluido. Lo incluye todo, no excluye nada. Todo el pasado, todo el futuro, este inmenso universo, todo está incluido en él. Según vayas profundizando en ti mismo, te irás dando cuenta de que las personas no existen, de que los individuos no existen. Entonces, lo que existe es una pura universalidad. En la circunferencia, tenemos nombres, egos, identidades. Cuando pasamos de la circunferencia al centro, todas esas identidades desaparecen.

El ego sólo es una ficción útil.

Utilízalo, pero no te dejes engañar por él.

También preguntas: «Al no estar iluminados, ¿estamos siempre funcionando a través del ego o hay momentos en los que estamos libres de él?».

Como es una ficción, hay momentos en los que estás libre de él. Como es una ficción, sólo puede mantenerse mientras tú lo mantengas. Una ficción requiere un gran mantenimiento. La verdad no necesita mantenimiento, eso es lo bueno de la verdad. Pero ¿una ficción? Tienes que estar pintándola constantemente, retocándola aquí y allá, porque siempre está a punto de colapsar. Cuando has acabado de apuntalar un lado, el otro empieza a derrumbarse.

Y eso es, precisamente, lo que la gente hace durante toda su vida, intentar hacer que la ficción parezca la realidad. Si tienes más dinero, podrás tener un ego más grande, un poco más sólido, que el de los pobres. El ego de los pobres es pequeño; no se pueden permitir un ego más grande. Si quieres que tu ego se infle al máximo, hazte primer ministro o presidente de un país. Ellos no caminan sobre la tierra.

Toda nuestra vida, la búsqueda de dinero, de poder, de prestigio y todo lo demás, no es más que una búsqueda de nuevos puntales, de nuevos apoyos, para mantener la ficción como sea. Y, durante todo este tiempo, sabes que la muerte llegará. Hagas lo que hagas, la muerte lo destruirá. No obstante, uno sigue esperando contra toda esperanza; a lo mejor se mueren todos menos tú.

Y, en cierto modo, es verdad. Siempre has visto morir a otras personas, nunca te has visto morir a ti mismo, así que parece verdad, lógico. Se va muriendo una persona aquí, otra persona allá, y tú nunca mueres. Tú siempre estás ahí para apenarte por ellos, tú siempre los acompañas al cementerio, te despides de ellos y luego vuelves a casa.

No dejes que eso te engañe. Porque todas esas personas pensaban lo mismo. Pero nadie está exento. La muerte llega y acaba por completo con la ficción de tu nombre, tu fama. La muerte llega y, simplemente, lo borra todo; no queda ni rastro. Lo que sea que estemos haciendo de nuestra vida es como escribir sobre el agua; ni siquiera sobre la arena, sino sobre el agua. No llegas a escribirlo y ya ha desaparecido. Ni siquiera se puede leer; antes de que puedas leerlo, ha desaparecido.

Pero seguimos intentando construir estos castillos en el aire. Y como es una ficción, requiere un mantenimiento y un esfuerzo constante, día y noche. Y nadie puede ser tan cuidadoso las veinticuatro horas del día. Y así, algunas veces, a pesar de ti, hay momentos en los que te llega un destello de realidad sin que el ego haga de barrera. Sin la pantalla del ego, hay momentos a pesar de ti, recuerda. Todo el mundo tiene esos momentos de vez en cuando.

Por ejemplo, cada noche cuando caes en el sueño profundo, en un sueño tan profundo que no puedes ni soñar, ya no se hallan restos del ego; todas las ficciones desaparecen. El dormir profundo sin sueños es algo parecido a una pequeña muerte. Cuando se sueña todavía existe una posibilidad de que puedas conseguir recordarlo. La gente consigue seguir manteniendo su ego incluso en sus sueños.

Por eso el psicoanálisis intenta profundizar en los sueños, porque en ellos hay menos posibilidades de mantener la identidad; en ellos se pueden encontrar más lagunas. Durante el día, estás en guardia, manteniendo siempre el escudo que protege tu ego. En sueños, algunas veces te olvidas. Pero los que han estudiado los sueños dicen que la protección se mantiene incluso en sueños; aunque se vuelve un poco más sutil.

Por ejemplo, en un sueño, matas a tu tío. Si profundizas en él, descubrirás, para tu sorpresa, que querías matar a tu padre; sin embargo, has matado a tu tío. Te has engañado a ti mismo, el ego te la ha jugado. Tú eres tan buen muchacho que, ¿cómo ibas a poder matar a tu propio padre? Y el tío se parece al padre, aunque, en realidad, nadie quiere matar a su tío. Los tíos siempre son buena gente; ¿quién quiere matar a su tío? ¿Y quién no quiere matar a su propio padre?

Es normal que haya un gran antagonismo entre el padre y el hijo. El padre tiene que instruir al hijo, tiene que moldearlo, recortar su libertad, darle órdenes y obligarle a que le obedezca. Pero nadie quiere obedecer, ni ser disciplinado, ni que le digan lo que tiene y lo que no tiene que hacer. El padre tiene tanto poder que el hijo siente celos de él. Y el mayor de los celos es porque el hijo quiere que la madre sea completamente suya y el padre siempre se mete en medio, siempre está ahí. Y no sólo el hijo siente celos del padre; el padre también siente celos del hijo porque siempre se interpone entre su mujer y él.

> El hijo del Mulá Nasrudin se casó. Vino a casa con su mujer, sus amigos y parientes; toda la casa se llenó de gente. Salió por algo y cuando volvió a casa se quedó desconcertado; su padre estaba abrazando y besando a su esposa. ¡Eso era el colmo! No lo podía permitir. Lleno de ira, le preguntó: «¿¿Qué estás haciendo?».
>
> Y el padre le contestó: «¿Y tú qué? Te has pasado toda tu vida abrazando y besando a mi mujer, y yo nunca te he dicho nada».

Puede que no le haya dicho nada, pero no por falta de ganas. Existe un antagonismo entre el padre y el hijo, entre la hija y la madre; un antagonismo natural, unos celos naturales. La hija quiere poseer al padre, pero la madre está ahí; parece la enemiga.

159

Los tíos son muy buena gente pero, en un sueño, no matarás a tu propio padre. Tu conciencia moral, que es parte de tu ego, te impedirá hacer una cosa así. Encontrarás un sustituto; es una estrategia. Si observas tus sueños con detenimiento, te darás cuenta de la cantidad de estrategias que el ego está intentando desarrollar. El ego no puede aceptar el hecho: «¿Estoy matando a mi propio padre? Yo, que soy un hijo tan obediente, que respeto tanto a mi padre, que lo amo tanto... ¿y estoy intentando matarlo?». El ego no aceptará la idea; el ego modificará un poquito la idea. El tío se parece mucho al padre; mata al tío, eso parece más fácil. El tío sólo es un sustituto. Esto es lo que está ocurriendo incluso en sueños.

Pero en el dormir sin sueños el ego desaparece por completo, porque cuando no hay pensamiento, no hay sueño, ¿cómo vas a llevar contigo una ficción? Pero el tiempo que se está en el dormir sin sueños es muy corto; normalmente, no más de dos horas de cada ocho de sueño saludable.

Pero esas dos únicas horas son revitalizantes. Dos horas de dormir profundo sin sueños es suficiente para volver a estar renovado, fresco, vivo, por la mañana. La vida vuelve a ser emocionante, el día parece un regalo. Todo parece nuevo, porque tú eres nuevo. Todo parece hermoso porque tú estás en un espacio hermoso.

¿Qué ha ocurrido en esas dos horas de sueño profundo, lo que Patanjali llama *sushupti*, dormir sin sueños? Que el ego ha desaparecido. Y la desaparición del ego te ha revitalizado, te ha rejuvenecido. Al desaparecer el ego, aunque en profunda inconsciencia, catas el sabor de lo divino.

Patanjali dice que el *sushupti*, el dormir sin sueños, y *samadhi*, el supremo estado del buda, no son muy distintos; no son muy distintos, pero lo son. La diferencia está en la conciencia. En el dormir sin sueños eres inconsciente y en el *samadhi* eres consciente, pero el estado es el mismo. Entras en lo divino, entras en el centro universal. Desapareces de la circunferencia y vas al centro. Y ese mero contacto con el centro te rejuvenece.

Las personas que no pueden dormir son realmente desgraciadas, muy desgraciadas. Han perdido una línea natural para estar en contacto con la existencia. Han perdido un pasaje natural a lo universal; se les ha cerrado una puerta.

Éste es el primer siglo que ha padecido insomnio. Ya habíamos cerrado todas las demás puertas a lo universal; ahora, estamos cerrando la última, la puerta del dormir. La que parece ser la última desconexión de la energía universal, el mayor peligro. Y, en la actualidad, hay necios que escriben libros y, con argumentos muy lógicos, dicen que no es necesario dormir, que es una pérdida de tiempo. Tienen razón, ¡es una pérdida de tiempo! Es una pérdida de tiempo para los que piensan en términos de dinero y trabajo, para los adictos al trabajo.

Lo mismo que ahora existe Alcohólicos Anónimos, pronto necesitaremos Trabajólicos Anónimos. Las personas que están obsesionadas con el trabajo tienen que estar constantemente en funcionamiento. No pueden descansar, no pueden relajarse. Estarán haciendo algo hasta la hora de la muerte.

Esas personas, ahora, están sugiriendo que dormir es innecesario. Están sugiriendo que dormir, en realidad, es una innecesaria resaca del pasado. Dicen que, en el pasado, cuando todavía no se conocían ni la electricidad ni el fuego, la gente tenía que dormir por necesidad. Ya no hace falta. No es más que un viejo hábito adquirido a lo largo de millones de años del que hay que deshacerse. Ellos están seguros de que, en el futuro, no se dormirá.

Incluso están construyendo nuevos mecanismos para aprender mientras se duerme, un nuevo estilo de educación con el que no se pierde el tiempo. ¡Es lo último en tortura para niños! Ya inventamos la escuela, pero eso no fue suficiente. Los niños, encerrados en escuelas...

En la India, las escuelas y las prisiones solían estar pintadas del mismo color. Y los edificios eran del mismo estilo. Feos, sin el menor gusto estético, sin árboles ni pájaros ni animales cerca, para que los niños no se distraigan. Porque, ¿quién iba a atender a un aburrido profesor de matemáticas cuando los pájaros están llamando a la ventana? O si aparece un ciervo fuera, en la pradera, mientras el profesor está dando geografía o historia... Los niños se distraerían, así que hay que mantenerlos lejos de la naturaleza, lejos de la sociedad. Se les obliga a estar sentados cinco, seis o siete horas en duros bancos. Y eso se prolonga durante muchos años. Se pasan casi un tercio de la vida en escuelas. Los han convertido en esclavos. Durante el resto de sus vidas serán adictos al trabajo; serán incapaces de tener unas verdaderas vacaciones.

Así pues, a los niños se les puede dar enseñanza nocturna. Mientras estén durmiendo en la cama, sus oídos estarán conectados a una escuela central, desde donde les meterán mensajes en la cabeza de una forma subliminal, muy sutil. Serán programados.

Se ha descubierto que de esta forma se aprende más deprisa que estando despierto. Naturalmente, porque cuando estás despierto, por muy protegido que estés, hay mil y una cosas que distraen tu mente. Y como los niños están tan llenos de energía, todo les atrae; se distraen constantemente. Sólo es energía, nada más; no tiene nada de malo. Se distraen porque no están muertos.

Un perro empieza a ladrar, alguien empieza a discutir fuera, alguien le toma el pelo al profesor o dice una gracia, hay miles de cosas que les pueden distraer. Pero cuando un niño duerme profundamente, sin sueños, no hay ninguna distracción. Ahora ese dormir sin sueños puede ser utilizado como parte de la docencia.

Parece que estamos completamente dispuestos a desconectarnos de la fuente universal del ser. Pues bien, esos niños serán de lo más horrible, porque se les habrá arrebatado toda posibilidad de estar perdidos, absolutamente fuera del alcance del ego. Ya no dispondrán de la última posibilidad de desaparición del ego. El tiempo que podrían estar en contacto con lo divino, se utiliza para darles clases de historia. La fecha del nacimiento de Gengis Khan, ¿y a quién le importa?, ¿a quién le interesa? De hecho, ¡habría sido mucho mejor que Gengis Khan nunca hubiese nacido!

Precisamente eso es lo que escribí en mi cuaderno del colegio, e hizo que mi profesor se enfadara mucho. Tuve que estar todo el día fuera de la clase, en pie, por haber escrito: «Fue desafortunado que naciera. Habría sido mucho mejor que no hubiera nacido». Pero los reyes y los emperadores siguen naciendo con el único fin de torturar a los niños; que tienen que recordar las fechas y los nombres sin ninguna razón. Una educación de mayor calidad eliminaría toda esta basura. El 90 por ciento es basura, y el otro 10 por ciento se podría mejorar sustancialmente. Entonces, en la vida habría más dicha, más descanso, más relajación.

El ego, al ser una ficción, algunas veces desaparece. Y el mejor momento es en el dormir sin sueños. Así pues, defiende tu valiosísimo dormir; no dejes que te lo arrebaten por nada en el mundo. Poco a poco, haz que vaya siendo algo regular. Y como el cuerpo es un mecanismo, si sigues un patrón regular, le resultará más fácil dormir y, por lo tanto, a la mente le resultará más fácil desaparecer.

Acuéstate todos los días a la misma hora. No hace falta que seas muy estricto; si un día te acuestas más tarde, ¡no vas a ir al infierno! Tengo que andarme con cuidado porque aquí hay algunas personas obsesionadas con la salud. Su única enfermedad es que siempre están pensando en la salud. Si dejasen de pensar en la salud, estarían perfectamente. Pero si puedes dormir regularmente, acostarte y levantarte, más o menos, a la misma hora... el cuerpo y la mente son un mecanismo, y solamente entra en el dormir sin sueños en un determinado momento.

La segunda gran fuente de experiencia sin ego es el sexo, el amor. Que también ha sido destruido por los sacerdotes; lo han condenado y ha dejado de ser una gran experiencia. Dicha condena, durante tanto tiempo, ha acabado condicionando la mente de la gente. Incluso mientras están haciendo el amor, en el fondo, creen estar haciendo algo malo. Siempre hay algo de culpa acechando en alguna esquina. Y eso le ocurre incluso a la generación más moderna, más contemporánea, más joven.

Superficialmente, puede que te hayas revelado contra la sociedad; superficialmente, puede que ya no seas un conformista. Pero las cosas han llegado a un nivel muy profundo; revelarse superficialmente no sirve de nada. Que te dejes el pelo largo no servirá de mucho, que te hagas *hippie* y dejes de bañarte no servirá de mucho. Aunque te conviertas en un marginado en todos los sentidos que puedas imaginarte, en realidad, no servirá de nada, porque las cosas han llegado a un nivel demasiado profundo, y todas esas medidas son superficiales.

Llevan miles de años diciéndonos que el sexo es el mayor de los pecados. Se nos ha metido en la sangre y en los huesos hasta la médula. Por lo tanto, aunque conscientemente sepas que el sexo no tiene nada de malo, el inconsciente te mantiene un poco alejado, asustado, culpable, y no puedes entrar en él con totalidad.

Cuando logras entrar totalmente en el acto sexual, el ego desaparece, porque en el momento cumbre, en el punto más alto del clímax del acto sexual, eres pura energía. La mente no puede funcionar. Con tal dicha, con tal explosión de energía, la mente simplemente se para. El incremento de energía es tal que la mente se siente perdida; en ese momento, no sabe qué hacer. No tiene ningún problema para mantenerse en funcionamiento en situaciones normales, pero en cuanto ocurre algo demasiado nuevo y demasiado vital, se para. Y el sexo es lo más vital que existe.

Cuando logras entrar a fondo en el acto sexual, el ego desaparece. Eso es lo maravilloso de hacer el amor, que es otra fuente de destellos del más allá, igual que el dormir profundo, pero mucho más valiosa, porque en el dormir profundo estarás inconsciente. Haciendo el amor estarás consciente y, a la vez, sin mente.

De ahí que surgiera la ciencia del tantra. Patanjali y el yoga trabajaron en la línea del dormir profundo; eligieron el camino de transformar el dormir profundo en un estado consciente para saber quién eres, para saber qué eres en el centro. El tantra se decanta por el acto sexual como ventana a lo universal. El camino del yoga es muy largo, porque transformar el dormir inconsciente en conciencia es muy difícil; se requieren muchas vidas. ¿Y quién sabe si conseguirás persistir durante tanto tiempo, perseverar durante tanto tiempo, tener paciencia durante tanto tiempo, ¿o no? Así pues, los llamados yoguis han reducido el yoga a una mera técnica de posturas corporales. No van más allá, y eso les lleva toda su vida. Por supuesto, consiguen estar muy sanos, ¡pero ésa no es la cuestión! Se puede estar sano corriendo, nadando; se puede alargar más la vida por medio de cuidados médicos. Pero ésa no es la cuestión.

La cuestión era llegar a ser consciente en el dormir profundo. Y suss llamados yoguis se dedican a enseñarles cómo mantenerse vertical sobre la cabeza y cómo distorsionar y contorsionar el cuerpo. El yoga se ha convertido en una especie de circo sin sentido. Ha perdido su verdadera dimensión.

A mí me gustaría volver a revivir el yoga en su verdadera dimensión. Su meta es volverse consciente en el sueño profundo. Ésa es la esencia del yoga, y si algún yogui está enseñando otra cosa, es absolutamente inútil.

Pero el tantra ha elegido un camino mucho más corto, el más corto y, además, ¡mucho más placentero! Hacer el amor puede abrir la ventana. Lo único que hay que hacer es arrancar de raíz los condicionamientos que los sacerdotes han plantado en ti. Esos sacerdotes han plantado en ti esos condicionamientos para cortar tu contacto directo con Dios y, así, poder ser ellos los representantes, los meditadores entre tú y él. De ese modo, necesitarás a alguien que te conecte, y es así como el sacerdote se vuelve poderoso. Y los sacerdotes han sido poderosos desde la aurora de los tiempos.

Aquel que pueda ponerte en contacto con el poder, con el verdadero poder, se volverá poderoso. Y Dios es el verdadero poder, la fuente de todo poder; y los sacerdotes siempre han tenido más poder que los reyes.

En la actualidad, el puesto del sacerdote ha sido ocupado por el científico, porque tiene la llave que abre las puertas a los poderes ocultos en la naturaleza. El sacerdote decía saber cómo conectarte con Dios; el científico sabe cómo conectarte con la naturaleza. Pero el sacerdote, para eliminar cualquier línea privada entre tú y lo divino, antes ha tenido que desconectarte. Ha saboteado tus fuentes internas, las ha envenenado. Él se ha vuelto muy poderoso, pero toda la humanidad se ha vuelto apática, vacía de amor y llena de culpa.

Tienes que deshacerte de toda esa culpa. Cuando hagas el amor, piensa en oración, en meditación, en divinidad. Cuando hagas el amor, quema incienso, reza, canta, baila. Tu alcoba debería ser un templo, un lugar sagrado. Y el acto sexual no debería ser algo apresurado. Sumérgete a fondo; saboréalo todo lo lenta y graciosamente que puedas. Y te sorprenderás. Tienes la llave.

La existencia no te ha enviado al mundo sin llaves. Pero esas llaves han de ser usadas, eres tú quien tiene que meterlas en las cerraduras y girarlas. El amor es otro fenómeno, y el de mayor potencial, en el que desaparece el ego y eres consciente, plenamente consciente, pulsando, vibrando. Dejas de ser un individuo, te pierdes en la energía del todo.

Luego, poco a poco, deja que se vaya convirtiendo en tu estilo de vida. Lo que ocurre en el punto álgido del amor tiene que convertirse en tu disciplina, no sólo una experiencia, sino una disciplina. Entonces, hagas lo que hagas y vayas donde vayas... por la mañana temprano, al amanecer, revive el mismo sentimiento, la misma fusión con la existencia. Cuando te tumbes a mirar el cielo lleno de estrellas, vuelve a tener la misma fusión. Cuando te tumbes sobre la tierra, siéntete uno con la tierra.

Con el tiempo, hacer el amor debería darte la pista de cómo vivir enamorado de la propia existencia. Entonces, sabrás que el ego es una ficción, y podrás utilizarlo como una ficción. Y si lo utilizas de esta manera, no hay peligro.

Hay algunos otros escasos momentos en los que el ego desaparece por cuenta propia. En momentos de grave peligro, por ejemplo; vas conduciendo y, de repente, ves que va a ocurrir un accidente. Has perdido el control del coche y no parece haber posibilidades de salvarte. Es absolutamente seguro que te vas a estrellar contra un árbol o contra un camión que viene de frente, o vas a caer al río. En esos momentos, el ego desaparece.

De ahí que sintamos una gran atracción a meternos en situaciones peligrosas. Hay personas que escalan el Everest; eso es una profunda meditación, aunque es posible que no se den cuenta. El montañismo es tan interesante porque escalar montañas es peligroso; cuanto más peligroso, más hermoso. Tendrás vislumbres, grandes vislumbres de ausencia de ego.

Siempre que el peligro está muy cerca, la mente se para. La mente sólo puede pensar cuando no hay peligro; cuando hay peligro, no tiene nada que decir. El peligro te hace espontáneo, y en esa espontaneidad, de repente, sabes que no eres el ego.

O (y esto va para otro tipo de personas, porque no todas las personas son iguales) si tienes un corazón estético, entonces la belleza abrirá las puertas. La mera visión de una mujer hermosa o de un hombre hermoso provoca un destello de belleza instantáneo y, de repente, el ego desaparece; te sientes abrumado. O la visión de un loto en el estanque, del atardecer, de un pájaro en vuelo o de cualquier cosa que provoque tu sensibilidad interior, cualquier cosa que te posea tan intensamente que, en ese momento, te olvides de ti mismo, que seas y no seas al mismo tiempo, que te abandones a ti mismo, también entonces el ego se derrumba. Es una ficción; tienes que mantenerla tú. Si te olvidas por un momento, se derrumba.

Y es magnífico que existan algunos momentos en los que el ego se derrumba y te llega un destello de lo real y verdadero. La verdadera religiosidad no ha muerto gracias a esos destellos. No gracias a los sacerdotes, ellos han hecho todo lo posible para acabar con ella. No gracias a los llamados religiosos, los que van a la iglesia, a la mezquita o al templo. Éstos no tienen nada de religiosos, sólo lo fingen.

Si la verdadera religiosidad no ha muerto ha sido gracias a esos pocos momentos que, en mayor o menor medida, le ocurren a casi todo el mundo. Obsérvalos más atentamente, empápate más del espíritu de esos momentos, deja que ocurran más asiduamente, crea espacios para que esos momentos ocurran con más frecuencia. Ésta es la verdadera forma de buscar a Dios. No estar en el ego es estar en Dios.

Llevar un negocio significa constancia, compromiso, responsabilidad, valores un tanto antagónicos con el estar en el momento, la libertad y la espontaneidad que mi corazón anhela. Por favor, ¿podrías explicarme la manera en que estos dos espacios puedan subsistir pacíficamente juntos, si es que existe?

Montar en dos caballos a la vez te resultará difícil. Tendrás que entender una cosa: si anhelas libertad, espontaneidad y estar en el momento, no podrás ser un negociante. Podrás continuar el negocio, pero tendrás que transformar la actitud y el enfoque de tu negocio.

No puedes comprometerte con ambas cosas, no se pueden sintetizar. Tendrás que sacrificar una u otra.

Esto me recuerda a mi abuelo. Mi padre y mis tíos no querían al abuelo en la tienda. Le decían: «Tú descansa, o vete a dar un paseo». Pero algunos clientes preguntaban por él y decían: «Volveré de nuevo cuando esté él». El problema era que el abuelo no era un comerciante.

Simplemente diría: «Nuestro coste por este artículo fue de diez rupias y sólo pido un 10 por ciento de beneficio. Eso significa que te costará once rupias. ¿No te parece bien que te cobre el 10 por ciento? Si es así, no sé cómo te las vas a apañar para sobrevivir». Y la gente cerraba el trato con él enseguida.

Pero para mi padre y mis tíos, eso significaba una pérdida, porque ellos habrían fijado el precio en veinte rupias, y luego empezarían a regatear. Si el cliente conseguía que le rebajaran el precio a quince rupias, se sentía feliz por haberlo conseguido por cinco rupias menos. ¡Cuando, en realidad, le habían cobrado cuatro rupias de más! Así que, naturalmente, siempre echaban al abuelo: «Vete a dar una vuelta, puedes ir al río y darte un buen baño. Puedes ir al parque y descansar. Ya eres mayor, no tienes por qué estar aquí».

Pero mi abuelo decía: «Hay clientes que me conocen y que los conocen. Ellos tienen clara una cosa de mí, que no soy un negociante. Y saben que ustedes sí lo son. Y yo les he dicho que, si no estoy, esperen, que no tardaré en volver de donde sea que me hayan mandado».

Él solía decirle a sus clientes: «Una cosa es segura: da igual que la sandía caiga sobre el cuchillo o que el cuchillo caiga sobre la sandía, siempre será la sandía la que acabará malparada, no el cuchillo. Así que, cuidado con los negociantes». Él tenía sus propios clientes, que ni siquiera hablaban con los hijos, ni siquiera les decían ni a qué habían venido; se sentaban y esperaban. Decían: «Esperaré a que vuelva tu padre».

Los negocios también se pueden hacer con sinceridad, con autenticidad, con veracidad; no hay por qué ser astuto necesariamente, explotar a la gente, timar. Así pues, no me pidas una síntesis entre llevar un negocio —«constancia, compromiso y responsabilidad»— y «el estar en el momento, la libertad y la espontaneidad, que mi corazón anhela».

Escucha al corazón porque, al final, será él quien decida la dimensión de tu ser, el crecimiento de tu conciencia y, por ende, la trascendencia que te lleva a ti y a tu conciencia más allá de la muerte. Todo lo demás es, simplemente, mundano.

¿Qué es tu compromiso? Un hombre de entendimiento evita compromisos estúpidos. ¿Qué es tu continuidad? Como tu padre y tus antepasados mantuvieron el negocio, tú también tienes que hacerlo, igual que hicieron ellos. ¿Estás aquí sólo para repetir el pasado?

¿Es que no tienes coraje para introducir lo nuevo y dejar el pasado, lo viejo, lo podrido, y traer una brisa fresca a tu vida y a la de aquellos que tengan alguna relación contigo? ¿Qué es tu continuidad? De hecho, tienes que ser discontinuo cada momento, y no sólo con el pasado de los demás —tus padres y antepasados—; tienes que serlo incluso con tu propio pasado. Cuando se ha ido, se ha ido. No tienes ninguna obligación de seguir cargando con el cadáver de un momento muerto.

Además, el compromiso siempre viene de la inconsciencia. Por ejemplo, amas a una mujer y quieres que se case contigo, pero ella quiere un compromiso. Y tú, como eres tan inconsciente, te comprometes para el futuro, que no está en tus manos, con demasiada facilidad. ¿Cómo puedes comprometerte para el mañana? El mañana no te pertenece. Puede que ni siquiera estés aquí. Quién sabe lo que ocurrirá mañana; el amor que, tan repentinamente, acaba de tomar posesión de ti, puede que desaparezca.

Pero casi todos los hombres se comprometen con su mujer: «Te amaré toda la vida». Y la mujer también se compromete: «Te amaré más allá de esta vida, rezaré a Dios para que en cada vida te vuelva a encontrar y seas mi marido». Pero nadie parece darse cuenta de que ni un solo momento del futuro está en sus manos. Todo compromiso acaba creando problemas. Mañana, puede que tu amor haya desaparecido, tan de repente como apareció. Ocurrió, no es algo que hayas hecho tú. Mañana, cuando el amor haya desaparecido y tu corazón se encuentre totalmente seco, ¿qué harás?

El único camino que te deja la sociedad es que te conviertas en un fingidor, en un hipócrita. Seguir fingiendo que sigue ahí lo que ya no existe. Al menos, sigue diciéndole: «Te amo». Tú sabes que tus palabras están vacías, y ella también se da cuenta porque no suenan sinceras. Y a las mujeres no se les puede engañar en lo concerniente al amor; tienen una sensibilidad extraordinaria. De hecho, cuando hay amor, no hace falta decirlo con las palabras. Tú lo sabes y ella lo sabe. Sólo cuando el corazón ha dejado de irradiar amor surge la cuestión de ponerlo en palabras; entonces, lo sustituyes por palabras.

Pero las palabras son muy pobres. Tus acciones estarán mostrando algo, tu cara estará mostrando algo, tus ojos estarán mostrando algo, y tus palabras estarán intentando afirmar justo lo opuesto. Pero el problema ha surgido porque no has tenido la suficiente conciencia para decirle a la mujer: «¿Cómo me voy a comprometer? Soy un frágil ser humano, no soy consciente en absoluto. La mayor parte de mi ser está sumida en una oscuridad, de la que no sé nada. No sé qué deseos surgirán mañana, y tú tampoco sabes qué deseos surgirán en ti. Así que no nos prometamos nada. Amémonos mientras perdure el amor auténtico y verdadero, y cuando sintamos que tenemos que empezar a fingir, no lo haremos; eso es horrible, inhumano. Simplemente, aceptaremos que el amor que existía ya no existe, y que es el momento de partir. Recordaremos todos los días y todos los momentos hermosos que pasamos juntos. Se mantendrán siempre frescos en nuestra memoria. A mí no me gustaría estropear eso fingiendo; y tampoco me gustaría que tú acabaras siendo una hipócrita».

No te comprometas nunca. Deja claro que los compromisos acaban conduciendo a una situación difícil, porque pronto descubrirás que no puedes cumplirlos.

Y «responsabilidad»… Has sido lastrado con la idea de la responsabilidad, eres responsable de tus padres, eres responsable de tu mujer o tu marido, eres responsable de tus hijos, eres responsable de tus vecinos, de la sociedad, de la nación. Parece que sólo estás aquí para ser responsable de todo el mundo, excepto de ti mismo. Es una situación extraña.

> Una mujer le enseñaba a su hijo: «Lo más importante en nuestra religión es ayudar a los demás». El pequeño dijo: «Eso lo entiendo, lo que no entiendo es: ¿qué van a hacer los demás?».
>
> Y la madre le dijo: «Está claro, ayudarán a los demás». El niño dijo: «Qué extraño. Si todo el mundo está ayudando a todo el mundo, ¿por qué cada uno no se ayuda a sí mismo? ¿Por qué complicarlo tanto y convertirlo en una carga? ¿Por qué he de ayudar a los demás y esperar que ellos me ayuden a mí?».

En su inocencia, el niño está diciendo la verdad que todas las religiones han olvidado. De hecho, en las manos de las religiones, de los políticos, de los llamados piadosos, de los profesores, de los padres, ha cambiado el verdadero significado de la palabra responsabilidad. Han cambiado el verdadero significado de la palabra responsabilidad. Han hecho que sea sinónimo de deber: es tu deber. ¡Y «deber» es una sucia palabra de cinco letras!

Nunca hagas nada por deber. Haz las cosas por amor o no las hagas. Proponte que tu vida tenga que ser una vida de amor, y para mí *eso* es responsabilidad, responder desde el amor. Interpreta la palabra separada en dos partes: Respons-abilidad, no unida. Y el amor tiene la capacidad de responder. No existe ninguna otra fuerza en el mundo con tanta capacidad de responder. Si amas, seguro que responderás; no hay ningún lastre. El deber es un lastre.

> De nuevo, me acuerdo de mi abuelo. Él era un simple campesino, sin estudios, pero tenía el mismo tipo de inocencia de un niño. Le encantaba que le dieran un masaje en los pies antes de acostarse, pero todos en la casa intentaban evitarlo.

Cuando se iba a preparar la cama, todo el mundo estaba lo más lejos posible, para no sentirse obligado; sin embargo, yo solía acercarme a él a esa hora.

Me decía: «Qué extraño, cuando me voy a preparar la cama, todo el mundo desaparece. Hace un momento todos estaban aquí, y en cuanto me he acostado, aunque esté despierto, en cuanto cierro los ojos, regresan todos».

Yo le decía: «Nadie quiere darte el masaje en los pies. Yo no me lo tomo como deber. Ellos creen que es su deber, que, si no han podido escabullirse, tienen el deber de darte un masaje en los pies. Para mí no es un deber. Cuando no quiera darte el masaje en los pies, te lo diré». Y le había dejado bien claro que: «Te masajearé hasta que a mí me parezca bien; no hasta que tú lo digas».

Teníamos nuestro código; me lo inventé para comunicarme con él. Cuando empezaba a sentir que el momento de acabar se iba acercando, le decía: «Coma».

Y él decía: «Espera un poco, es demasiado pronto».

Yo le contestaba: «Ya has oído el aviso, luego vendrá el punto y coma y después el punto. Y en cuanto diga punto, se acabó». Le daba el masaje en los pies por amor, no porque fuera mi obligación. Los que pensaban que tenían la obligación, desaparecían. Y él lo entendió; me contestó: «Me ha quedado bien claro. Nunca había tenido tan clara la gran diferencia entre deber y amor».

En cierta ocasión, un santo hindú africano vino a la India para hacer un peregrinaje al Himalaya, concretamente a los templos sagrados de Badrinath y Kedernath, que son lugares de muy difícil acceso, y en aquellos tiempos era mucho más difícil. Mucha gente, simplemente, no regresaba; estrechos senderos cubiertos de nieves, con precipicios de tres mil metros, en montañas de nieves eternas. Un pequeño resbalón y se acabó. Ahora las condiciones son mejores, pero en la época que ocurrió lo que estoy contando, era muy difícil.

Este *sannyasin* hindú estaba cansado, llevaba muy poco equipaje, porque a esa altitud, el equipaje se va haciendo cada vez más difícil de llevar. Delante de él, vio a una niña de no más de diez años que llevaba a su hermano pequeño, muy gordito, a cuestas. Iba sudando, jadeando, y cuando el *sannyasin* pasó a su lado, le dijo: «Hija mía, debes de estar cansada. Llevas demasiado peso».

La niña se enfadó y dijo: «Tú llevas peso. Esto no es peso, es mi hermano pequeño».

En su autobiografía, ese hombre recuerda el incidente, y la gran impresión que le causó. Y era verdad, había una diferencia. En una balanza, por supuesto, no habría ninguna diferencia; en una balanza da igual que pongas a tu hermano pequeño o una maleta; la balanza marcará el peso. Pero el corazón no es una balanza. La niña tenía razón: «Tú llevas una carga, yo no. Éste es mi hermano pequeño y lo amo».

El amor puede anular la fuerza de la gravedad, el amor puede anular cualquier carga. Desde el amor, cualquier respuesta es hermosa. Sin amor, la responsabilidad es grotesca y lo único que demuestra es que tienes la mente de un esclavo.

Así pues, en lo que a mí respecta, si realmente anhelas libertad, espontaneidad y estar en el momento, no viene a cuento crear una síntesis. Tendrás que cambiar por completo tu enfoque de los negocios. Entonces, tu negocio se convierte en tu meditación, tu sinceridad, tu verdad; deja de ser una explotación. Tu continuidad, simplemente, desaparece; traes algo nuevo a la existencia. El compromiso es algo completamente absurdo. No puedes comprometerte porque el tiempo no está en tus manos; la vida no está en tus manos, el amor no está en tus manos. ¿Con base en qué te vas a comprometer?

Tu estado es parecido al de los dos adictos al opio de los que ya he hablado en otras ocasiones. Una noche de luna llena, ambos estaban tumbados bajo un árbol disfrutándola, y uno de ellos dijo: «La luna es tan hermosa que me gustaría comprármela». Y el otro le contestó: «Ya te puedes ir olvidando de comprarla, porque no pienso venderla. ¡Olvídalo, ni siquiera vuelvas a mencionarlo!».

La luna no le pertenece a ninguno de ellos pero, en su inconsciencia, uno cree que posee la luna y el otro quiere comprarla. El primero le dice al otro: «No te enfades. Si no quieres vender, vale. Pero estoy dispuesto a pagarte lo que me pidas. Y no estaría bien que rechazaras mi oferta, habiendo sido amigos desde hace tanto tiempo». Pero el otro le contesta: «Olvídate de ello. Amigos o no, ¡no te la pienso vender a ningún precio!». Y se lo tomaron muy en serio.

Con tus compromisos ocurre lo mismo.

Un hombre le dice a una mujer: «Siempre te amaré», y al día siguiente, se enamora de otra mujer. Él no es más que una víctima de las ciegas fuerzas biológicas. No es que estuviera mintiendo cuando decía, «siempre te amaré», no es eso, era absolutamente sincero. El que quería comprar la luna, estaba sinceramente interesado en comprar la luna. Y el que no quería venderla tampoco estaba mintiendo. Era absolutamente sincero en su negativa a vendérsela a ningún precio.

Cuando el hombre dice: «Te amaré para siempre», está siendo absolutamente sincero; pero no es consciente de que el mañana no está bajo su control. Sólo puedes hablar de este momento: «Te amo ahora. Mañana, ya veremos lo que ocurre. Ni yo soy esclavo ni tú eres esclava. Si mañana volvemos a sentir que estamos enamorados, será una gran sorpresa».

¿Por qué cerrar tu vida con compromisos? ¿Por qué no mantenerla abierta a las sorpresas, a las aventuras? ¿Por qué encerrarse en una tumba? Si te comprometes, sufres porque empiezas a pensar: «Lo he prometido, me he comprometido. Ahora, ya no importa que quiera o no cumplir la promesa o el compromiso. Está en juego toda mi integridad. Por lo tanto, en vez de aceptar que fui un necio cuando me comprometí, fingiré».

Hacer una síntesis con lo irreal y lo real, con lo auténtico y lo falso, no tiene sentido. Tendrás que abandonar lo falso y escuchar y seguir a tu corazón. Cueste lo que cueste, siempre resultará barato. Pierde todo lo que tengas que perder, pero si escuchas al corazón, al final, tú serás el ganador, la victoria es tuya. Pero si lo que quieres es engañar a los demás y engañarte a ti mismo, es una cuestión diferente.

> Paddy estaba leyendo en una revista de ciencia que se había descubierto que el humo de los cigarrillos producía cáncer en ratas y ratones. Eso le impresionó mucho, así que esa noche, antes de irse a la cama, guardó los cigarrillos en un cajón y lo cerró con llave para ponerlos fuera del alcance de las ratas y los ratones.

¡Qué gran comprensión, qué gran capacidad de síntesis!
Tú eres capaz de hacer sólo síntesis como ésta.

¿Cómo desacelerar?

La vida no va a ninguna parte; no tiene ninguna meta, ningún destino. La vida no tiene un propósito, simplemente es. Y hasta que esta comprensión no penetre en tu corazón, no podrás desacelerar.

Desacelerar no es una cuestión de «cómo», no es una cuestión de técnica, de método. Lo reducimos todo a un «cómo». Todo el mundo, en todas partes, padece un gran «cómo-ismo», especialmente la mente contemporánea: cómo hacer esto, cómo hacer aquello, cómo hacerse rico, cómo tener éxito, cómo influir en la gente y ganar amigos, cómo meditar e incluso cómo amar. Cualquier día, alguien llegará a preguntar cómo respirar.

No se trata, en absoluto, de una cuestión de cómo. No reduzcas la vida a tecnología. La vida reducida a tecnología pierde toda su gracia.

Ha llegado a mis manos un libro; el título del libro es hilarante: *Tienes que relajarte*. ¡Pero si el problema es precisamente el «tienes que»! Es por el «tienes que» por lo que nadie puede relajarse. Por si eso fuera poco, ahora, otro «tienes que» más —*Tienes que relajarte*— que traerá más tensión a tu vida. Si intentas relajarte, verás que te pones más tenso que nunca. Cuanto más lo intentes, más tenso te pondrás.

La relajación no es una consecuencia, no es el resultado de alguna actividad; es el halo de la comprensión.

Lo primero que me gustaría decirte es que la vida no tiene un propósito. Eso es algo muy difícil de aceptar. ¿Por qué resulta tan difícil aceptar esto? Resulta tan difícil porque, sin propósito, el ego no puede existir. Resulta muy difícil aceptar que la vida no tiene ninguna meta porque, si no, no tiene sentido tener una mente, un ego.

El ego sólo puede existir en una visión orientada a una meta; la mente sólo puede existir en el futuro. El propósito introduce el futuro; la meta crea el espacio en el que se mueven los pensamientos, en el que surgen los deseos. Y entonces, como es natural, surge la prisa, porque la vida es corta. Hoy estamos aquí y mañana ya nos habremos ido.

La vida es corta. Si hay una meta que alcanzar, acabará habiendo prisa. Y acabará habiendo preocupación, una constante preocupación «lo conseguiré o no», un corazón tembloroso, unos cimientos estremecidos. Casi siempre estarás en un terremoto interior, siempre estarás al borde del ataque de nervios. Si tienes una meta, tarde o temprano, acabarás en el diván del psiquiatra.

En mi visión de la vida no hay metas. Y es la misma visión de todos los budas. Todas las cosas, simplemente, existen sin ninguna razón. Todas las cosas son completamente absurdas. Cuando has entendido esto, ¿qué sentido tiene la prisa, para qué? Entonces, empiezas a vivir el momento. Entonces, este momento es un regalo, es un gentil presente de Dios o del todo o como lo quieras llamar: Tao, dhamma, logos...

Este momento está a tu disposición: canta una canción, vívelo en su totalidad. Y no intentes sacrificarlo por ningún otro momento que podría venir en el futuro. Vívelo por su propia gloria.

Dicen que el arte es por el arte. Puede que sea así, yo no soy artista. Pero lo que sí puedo decir es que la vida es por la vida. Cada momento es absolutamente por sí mismo. Sacrificarlo por cualquier otra cosa no es muy inteligente. Además, una vez que el hábito se haya asentado, sacrificarás este momento por el siguiente, y el siguiente por el siguiente, y así sucesivamente; ¡este año por el año que viene, y esta vida por la vida siguiente! Entonces, lo ves como un proceso simple y lógico: en cuanto das el primer paso, empieza el viaje que te llevará a una tierra yerma, el viaje que convertirá tu vida en un desierto, el viaje autodestructivo, suicida.

Vive en el momento por el puro gozo de vivirlo. Entonces, cada momento tiene una cualidad orgásmica. Sí, es orgásmico. Así es como mi gente ha de vivir, sin «deberías», sin «tendrías», sin obligaciones, sin mandamientos. No están aquí para convertirse en mártires, están aquí para disfrutar la vida al máximo. Y el único modo de vivir, de amar, de disfrutar, es olvidándose del futuro. No existe.

Si logras olvidarte del futuro, si te das cuenta de que no existe, no tiene sentido estar preparándose para él constantemente. El momento futuro es abandonado y el pasado se vuelve irrelevante por sí mismo. Si cargamos con el pasado es para poder usarlo en el futuro. De no ser así, ¿quién querría cargar con el pasado? Sería innecesario. Si el futuro no existe, ¿qué sentido tiene cargar con el conocimiento que te ha proporcionado el pasado? Es una carga que le quitará la gracia al viaje.

Y déjame recordarte que es un mero viaje. La vida es un peregrinaje a ninguna parte, de ninguna parte a ninguna parte. Y entre esas dos ningunas partes está el aquí-ahora.

No se trata de aplicar una determinada técnica para desacelerar, porque si tu enfoque básico de la vida se mantiene igual, orientado a una meta, puedes intentar desacelerar, puede que incluso lo consigas, pero entonces, habrás iniciado otra tensión en tu vida. Para mantenerte lento, tienes que estar constantemente en guardia, tienes que estar reteniéndote continuamente.

Tus energías no pueden fluir libremente. Siempre tendrás miedo, porque si olvidas la técnica, inmediatamente, el viejo hábito tomará posesión de ti. Y el hábito está ahí porque, en realidad, está arraigado en tu filosofía de vida. Te han enseñado que hay que ser un triunfador: ¡triunfa en algo!

En cuanto nace el niño, empezamos a suministrarle venenos: ambición, triunfo, éxito, riqueza, nombre, fama. Empezamos a envenenar sus fuentes del ser; le concedemos mucha atención a eso... se malgastan veinticinco años de cada persona dándole una educación envenenada desde que nace. Es un tercio de la vida; todo un desperdicio. Además, es el tercio más importante, porque a los veinticinco años, la persona ya empieza a declinar en muchos aspectos. El punto álgido de su sexualidad, que es entre los diecisiete y los dieciocho años, ya ha pasado. A los veinticinco años uno empieza a envejecer.

Veinticinco años desperdiciados en crear una mente de triunfador... Y luego viene la competición, el conflicto. En todos los niveles de la vida, en todas partes, hay política. Incluso en la relación íntima privada hay política: el marido intenta controlar a la esposa; la esposa intenta controlar al marido; los hijos intentan controlar a los padres; los padres intentan controlar a los hijos. No hay intimidad, porque, para la mente triunfadora, la intimidad no es posible. Sólo sabe utilizar al otro; no puede sentir respeto por el otro. Es explotador. Su relación con la vida es lo que Martin Buber llama una relación «yoello»: todo es reducido a utilidades.

Amas a una mujer e, inmediatamente, empiezas a reducirla a ser una utilidad, a ser una esposa, y ella intenta reducirte a ser un marido. Ser un hombre es algo maravilloso; ser una mujer es algo divino, pero ser una esposa o un marido es algo grotesco. Ya no se trata de amor sino de ley. La intimidad ha desaparecido; ahora es un trato, un negocio. Ahora, la poesía ha muerto. Ahora, ambos están en política para ver quién domina a quién.

Desde la relación más íntima hasta la relación más impersonal, siempre sucede lo mismo. La historia del yo-ello. Por eso, hemos creado un mundo grotesco. Y, claro, con tanta competición y tantos competidores, ¿cómo vas a desacelerar? Si desaceleras, serás un fracaso, nunca serás capaz de triunfar. ¡Si desaceleras, estarás perdido! Serás un anónimo, no conseguirás dejar tu huella en el mundo. ¿Cómo vas a ser alguien si desaceleras? Todos los demás no desaceleran.

Es como si estuvieras en una competición y me preguntaras: «¿Cómo desacelerar?». ¡Si desaceleras, abandonas! Te retiras de la competición. Todo el mundo está corriendo, y todo el mundo tiene que correr al máximo, porque es una cuestión de vida o muerte. Hay millones de enemigos... vivimos en un mundo en el que todos los demás son tus enemigos, porque los que compiten contigo son tus rivales. Ellos te restan posibilidades de éxito, y tú les restas posibilidades de éxito a ellos.

En este ambicioso mundo, no puede florecer la amistad, el amor es casi imposible, no puede existir compasión. Hemos creado una situación en la que el origen está en nuestra idea de que hay que conseguir algo.

Y eso ocurre tanto en los países capitalistas como en los países comunistas, la filosofía es la misma. El comunismo es producto del capitalismo, al igual que el cristianismo es producto del judaísmo. No son muy diferentes; sólo cambian los nombres. El juego sigue siendo el mismo; traducido a otro lenguaje, por supuesto, pero el juego es el mismo.

El poder político es igual de fuerte en los países comunistas, de hecho, es más fuerte que en los países capitalistas, porque nunca cambiamos los cimientos, nos hemos limitado a lustrar las paredes. Pero por mucho que se lustren, por mucho que se pinten de otro color; no hay una verdadera renovación. Y en nuestras vidas individuales hacemos lo mismo.

Un político vino a verme; quería que le enseñara a meditar. Le pregunté por qué. Él me contestó: «Porque la meditación proporciona paz y tranquilidad, y yo quiero estar tranquilo y en paz».

Le pregunté: «¿Realmente, quieres estar tranquilo y en paz?». Él me contestó: «Sí, por eso he venido desde tan lejos».

«Entonces —le dije—, en primer lugar tienes que entender que una mente política nunca podrá estar tranquila y en paz. Tendrás que escoger. Si realmente quieres entrar en el mundo de la meditación, tendrás que salir del mundo de la política. No puedes montar en dos caballos a la vez, y menos aún si van en direcciones diametralmente opuestas.»

Él me dijo: «¡Eso es demasiado! En realidad, el trabajo político ha sido el motivo por el que he venido a verte. Tengo demasiada tensión en la mente, no puedo dormir, no puedo descansar, me paso la noche dando vueltas en la cama, y siento constantemente esa misma ansiedad política, tanto por el día como por la noche. He decidido venir a verte para que me enseñes alguna técnica de meditación que me ayude a relajarme para competir más eficientemente en el mundo. Pero no estoy dispuesto a pagar un precio tan alto por la meditación. Lo que quiero es que la meditación me ayude en mi carrera política. Llevo veinte años en política, y todavía no he conseguido ser primer ministro de mi estado».

Por supuesto, un hombre así no puede meditar. La meditación no es algo que pueda crecer en cualquier suelo. Requiere una comprensión básica; el cambio ha de ser muy radical. Para crecer, la meditación necesita un suelo nuevo; necesita una terapia nueva.

Un meditador desacelera de forma natural, sin esfuerzo. No lo practica. Una cosa practicada no puede ser verdadera; será artificial, arbitraria. Evita practicar las cosas, porque sólo serán representaciones, no la verdad. Y sólo la verdad libera.

Un meditador va despacio de forma natural, no porque intente ir despacio, sino porque no hay que ir a ninguna parte. No hay que conseguir nada, no hay que llegar a ser nada; el convertirse ha cesado. Cuando cesa el llegar a ser, comienza el ser. Y el ser va despacio, no es agresivo, no tiene prisa.

Entonces, puedes saborear cada momento con plena presencia, puedes estar presente en el presente; de otro modo, vives con tal prisa que es imposible llegar a apreciar las cosas. Tus ojos están enfocados en una meta lejana, en una remota estrella; estás mirando allí.

Me viene a la memoria una antigua historia que ocurrió en Grecia. Un gran astrólogo, el más famoso de su tiempo, se cayó en un pozo. Caminando por la calle de noche, abstraído mientras miraba las estrellas, se olvidó de que en ese lugar había un pozo y se cayó en él.

Al oír el ruido de su caída y sus gritos, una anciana, que vivía en una cabaña cercana, acudió y lo ayudó a salir del pozo. Estaba muy contento. Le dijo a la anciana: «¡Me ha salvado la vida! ¿Sabe usted quién soy? Soy el astrólogo de la corte. Mis honorarios son muy elevados, incluso los reyes tienen que esperar meses para tener una consulta conmigo, pero a usted se la concederé enseguida y no le cobraré nada. Venga mañana por la mañana a mi casa».

La anciana se rió y dijo: «¡Olvídalo! Ni siquiera puedes ver dos pasos más allá de tus narices, ¿cómo vas a ser capaz de ver mi futuro?».

Ésta es la situación en la que se encuentran millones de personas. No pueden ver lo que es, están obsesionados con lo que debería ser. «Lo que debería ser» es la mayor obsesión que padece la humanidad. Es una especie de locura.

A una persona realmente sana no le preocupa lo que debería ser. Sólo le preocupa lo inmediato, lo que es. Y para tu sorpresa, si entras en lo inmediato, en ello descubrirás lo supremo. Si entras en lo que tienes cerca, allí, descubrirás todas las estrellas lejanas. Si entras en el momento presente, toda la eternidad está en tus manos. Si conoces tu ser, el llegar a ser no tiene sentido. Todo lo que jamás hayas podido imaginar llegar a ser, ya lo eres.

Son dioses que han olvidado quiénes son. Son emperadores que se han quedado dormidos y están soñando que se han convertido en mendigos. Ahora, los mendigos están intentando convertirse en emperadores, en sueños están trabajando duramente para convertirse en emperadores, ¡y lo único que tendrían que hacer es despertar! ¿Y dónde puede despertarse uno? ¿En el futuro? ¿En el pasado? El pasado ya no existe, el futuro todavía no existe; ¿dónde puedes despertar? Sólo puedes despertar ahora y aquí. Éste es el único momento que existe, y ésta es la única realidad que existe, la única realidad que ha existido y existirá siempre.

Cambia esa filosofía básica de triunfador. Relájate en tu ser. No tengas un ideal, no intentes hacer algo contigo mismo, no intentes mejorar. Tal como eres, eres perfecto. Con todas tus imperfecciones, eres perfecto. Y si eres imperfecto, eres perfectamente imperfecto, pero hay perfección.

Una vez que se ha entendido esto, ¿qué prisa hay? ¿Dónde está la preocupación? Ya has desacelerado. Entonces, es un paseo matutino, sin un destino determinado, sin intención de ir a ninguna parte. Puedes disfrutar de cada árbol, de cada rayo de sol, de cada pájaro y de cada persona que te encuentres.

EPÍLOGO

Medita sobre la máxima de Murphy: «Mientras puedas vivir cómodamente y tener todo lo que quieras, qué importa si eres rico o no».

Eso es, precisamente, lo que yo he hecho y lo que me gustaría que hicieras. ¿Qué más da si eres rico o no? La verdad es que la gente se busca preocupaciones innecesarias. Tengas lo que tengas, disfrútalo, es más que suficiente. No lo puedes ver porque tu mente está constantemente ocupada haciendo esto y aquello, convirtiéndose en esto y aquello. Y menosprecias todo lo que la existencia te va dando. Nunca le agradeces a la existencia lo que te da; no conoces la gratitud. Si no fuera así, aunque no tuvieras nada, podrías vivir una vida muy rica.

Una vida rica es algo que tiene que ver con el interior. Y no estoy en contra de las cosas externas, recuerda, pero básicamente, una vida rica es algo que tiene que ver con el interior. Si eres rico interiormente, tu luz interior también puede enriquecer incluso las cosas exteriores. Por ejemplo, si un buda vive en una cabaña, vive en ella como si fuese un palacio. Si un buda vive en un palacio, por supuesto, disfrutará el palacio más que nadie en el mundo. Si no pudiese disfrutar la cabaña como si fuera un palacio, ¿cómo iba a disfrutar del propio palacio? Esté donde esté, siempre encuentra la forma de disfrutar la vida.

La cuestión es vivir una vida rica, pero la riqueza llega a través de tu conciencia interior. Puedes ser muy rico externamente y vivir una vida paupérrima; puedes tener una gran cuenta corriente y no tener una vida satisfactoria.

Yo conozco a muchas personas ricas que me dan pena. Aunque sean muy ricas, viven de una forma tan pobre que no entiendo cómo pueden estar tan ciegas. ¿Acaso no ven sus maravillosas casas, sus hermosos jardines? No tienen la más mínima sensibilidad. Las flores brotan y desaparecen, y ellos pasan al lado de esas flores cada día, pero no las ven. Si no, con una sola flor sería suficiente. Y da igual que la flor haya crecido en tu jardín o en el del vecino.

Las estrellas no son tuyas; aun así, puedes disfrutarlas. ¿O es que tienen que ser tuyas para poder disfrutarlas? Los pájaros del cielo no son tuyos, pero puedes disfrutarlos.

No necesitas más posesiones. Lo que necesitas es más sensibilidad, un mayor sentido de la estética, un mejor oído musical, unos ojos más artísticos. Lo que necesitas es una visión que haga que todo adquiera significado e importancia.

Me preguntas: «¿Debería intentar ser rico o no?».

¡Ya *eres* rico! Se te ha dado todo lo que necesitas. Déjalo crecer. Entonces, tengas lo que tengas en el exterior, será suficiente.

Fíjate en la gente que está viviendo aquí, a mi alrededor. No tienen nada que realmente se pueda llamar una posesión, pero no se puede encontrar gente más feliz en todo el mundo. Son felices sin motivo, ¡no hay nada por lo que estar feliz! Pero algo interno ha empezado a crecer, algo así como una sutil fragancia que sólo las personas con sensibilidad pueden sentir; los demás no pueden verlo.

Mucha gente me pregunta: «¿Por qué la gente a tu alrededor parece tan feliz?». No es una pregunta con una respuesta fácil, porque lo que quieren saber es qué cosa externa está causando la felicidad. En el exterior lo único que hay es todo tipo de dificultades: el gobierno, la policía, la sociedad corrupta y la mente corrupta. No hay nada externo. Aun así, mi gente es inmensamente feliz. Y estar sentados sin hacer nada no es lo único que están haciendo; están trabajando duro, y sin recompensa, sin paga; no cobran nada. Pero está ocurriendo algo interno; ésa es la verdadera riqueza.

Estamos en una posición, con los adelantos científicos y tecnológicos actuales, que si abandonáramos las ideas estúpidas, como por ejemplo la de una tercera guerra mundial, habría tanta riqueza, tanto confort y lujo que nadie necesitaría acapararlo. De esa abundancia surgiría una especie de comunismo, pero desde la abundancia. Ése sería el punto álgido del capitalismo; no contra el capitalismo, sino una evolución del capitalismo a su estado final, en el que habría tanta riqueza que no tendría sentido que nadie la acumulara, la acaparara.

Karl Marx y su comunismo están caducos. Y los países comunistas del siglo pasado lo único que han sido capaces de distribuir igualitariamente ha sido la pobreza; no se han convertido en países ricos. La gente es igual, pero pobre. Y como todo el mundo sigue siendo pobre, nadie envidia a los ricos, porque no los hay ricos. Pero éste no es el modelo ideal de sociedad. Además, esa igualdad es forzada, no es natural; es como un gran campo de concentración. Si se le diera libertad durante un par de semanas a la gente, verías como esa igualdad desaparece por completo: volverían a ser diferentes, desiguales.

La idea de una sociedad sin clase no se ha realizado. Sólo han cambiado los nombres de las clases. En vez de burguesía y proletariado, ahora es el gobernante y el gobernado, porque en un país capitalista el pobre tiene la posibilidad, al menos en teoría, de progresar, y, aunque pocos, hay pobres que progresan. Unas pocas personas de la clase media progresan y se hacen ricas; muchos ricos se arruinan y decaen. Al menos, hay cierto movimiento. En el contexto comunista no hay movimiento, la sociedad está estancada. Los que gobiernan, el mismo grupo, se mantienen durante décadas en el poder, y no hay ninguna posibilidad de revolución ni posibilidad para los gobernados de llegar a ser gobernantes. El movimiento se detiene.

Por lo tanto, estoy en contra del comunismo que predicaban Karl Marx, Engels, Lenin y Stalin. Yo tengo mi propia idea del comunismo, por eso he llamado a mi lugar «comuna». La palabra «comunismo» procede básicamente de «comuna», así que sería «comuna-ismo» pero desde un ángulo completamente diferente.

Mi deseo es que haya tal abundancia de riqueza que nadie tenga que ser pobre, ¡y es algo factible! El 75 por ciento del presupuesto nacional de cada país se destina a la guerra, a la destrucción; la gente está viviendo sólo con el 25 por ciento restante. Simplemente con que abandonáramos la estúpida idea de una tercera guerra mundial, que no es en absoluto necesaria, el 75 por ciento de nuestra energía, ciencia y tecnología estaría al servicio de la gente; en vez de destructivo, sería algo creativo... En la actualidad, está al servicio de la muerte. Si se pusiera al servicio de la vida, podría haber tal opulencia, tal afluencia, que a nadie se le ocurriría pensar en una sociedad sin clases. La pobreza podría desaparecer, y la gente podría tener más que suficiente; todo el mundo podría vivir con comodidad y con todo tipo de lujos.

No es necesario forzar a la gente a ser iguales, eso crea un tipo de sociedad monótona. A mí me gustaría que hubiese gente con más color, única, con diferentes talentos, que enriquecieran a toda la sociedad.

Estoy en contra de la pobreza y completamente a favor de la riqueza. Ser pobre no es necesario. Si somos pobres, es nuestra responsabilidad. El mundo está superpoblado y cada día se va haciendo más pobre. No lo superpoblemos más. Al menos en eso, puedes contribuir: no produzcas más y más hijos. Aunque no puedas contribuir de ninguna otra forma, eso sí que lo puedes hacer.

Y la última pregunta:

¿Es verdad que el dinero no puede comprar la felicidad?

Sí, es verdad. El dinero no puede comprar la felicidad, pero hace que la desdicha sea más confortable. Por eso yo no estoy en contra del dinero; estoy a favor. Es mejor ser desdichado con confort que ser desdichado sin confort. Yo he vivido en la pobreza y en la riqueza, y créeme: la riqueza es mucho mejor que la pobreza.

Quiero que seas rico a todos los niveles posibles: material, psicológico, espiritual. Quiero que vivas la vida más rica que jamás se haya vivido en la tierra. •

Sobre el autor

Osho desafía las clasificaciones. Sus miles de charlas cubren todo, desde la búsqueda individual del significado hasta los problemas sociales y políticos más urgentes que enfrenta la sociedad en la actualidad. Los libros de Osho no han sido escritos, sino trascritos de las grabaciones de audio y video de sus charlas extemporáneas ante audiencias internacionales. Tal como él lo expone: «Recuerden: lo que estoy diciendo no sólo es para ustedes... estoy hablando también para las futuras generaciones». Osho ha sido descrito por el *Sunday Times* en Londres como uno de los «1 000 Creadores del Siglo xx» y por el autor estadounidense Tom Robbins como «el hombre más peligroso desde Jesucristo». *El Sunday Mid-Day* (India) ha seleccionado a Osho como una de las diez personas —junto con Gandhi, Nehru y Buda— que han cambiado el destino de la India. Con respecto a su propia obra, Osho ha declarado que está ayudando a crear las condiciones para el nacimiento de una nueva clase de seres humanos. Él con frecuencia caracteriza a este nuevo ser humano como «Zorba el Buda», capaz tanto de disfrutar los placeres terrenales de un Zorba el Griego, como la serenidad silenciosa de un Gautama el

Buda. Un tema principal a través de todos los aspectos de las charlas y meditaciones de Osho es una visión que abarca tanto la sabiduría eterna de todas las eras pasadas como el potencial más alto de la ciencia y la tecnología de hoy en día (y del mañana). Osho es conocido por su contribución revolucionaria a la ciencia de la transformación interna, con un enfoque en la meditación que reconoce el paso acelerado de la vida contemporánea. Sus Meditaciones Activas OSHO® están diseñadas para liberar primero las tensiones acumuladas del cuerpo y la mente, de tal manera que después sea más fácil emprender una experiencia de quietud y relajación libre de pensamientos en la vida diaria.

Disponible una de sus obras autobiográficas:

Autobiografía de un místico espiritualmente incorrecto.
Barcelona: Kairos, 2001.

OSHO Internacional Meditation Resort

Ubicación: ubicado a 100 millas al sureste de Mumbai en la moderna y floreciente ciudad de Pune, India, el Resort de Meditación de OSHO Internacional es un destino vacacional que hace la diferencia. El Resort de Meditación se extiende sobre 40 acres de jardines espectaculares en una magnífica área residencial bordeada de árboles.

Originalidad: cada año, el Resort de Meditación da la bienvenida a miles de personas provenientes de más de 100 países. Este campus único ofrece la oportunidad de una experiencia personal directa de una nueva forma de vida: con mayor sensibilización, relajación, celebración y creatividad. Está disponible una gran variedad de opciones de programas durante todo el día y durante todo el año. ¡No hacer nada y simplemente relajarse en una de ellas!

Todos los programas se basan en la visión de OSHO de «Zorba el Buda», una clase de ser humano cualitativamente diferente que es capaz *tanto* de participar de manera creativa en la vida diaria *como* de relajarse en el silencio y la meditación.

Meditaciones: un programa diario completo de meditaciones para cada tipo de persona, incluye métodos que son activos y pasivos, tradicionales y revolucionarios, y en particular, las Meditaciones Activas OSHO®. Las meditaciones se llevan a cabo en lo que debe ser la sala de meditación más grande del mundo: el Auditorio Osho.

Multiversidad: las sesiones individuales, cursos y talleres cubren todo: desde las artes creativas hasta la salud holística, transformación personal, relaciones y transición de la vida, el trabajo como meditación, ciencias esotéricas, y el enfoque «Zen» ante los deportes y la recreación. El secreto del éxito de la Multiversidad reside en el hecho de que todos sus programas se combinan con la meditación, la confirmación de una interpretación de que como seres humanos somos mucho más que la suma de nuestras partes.

Spa Basho: el lujoso Spa Basho ofrece una piscina al aire libre rodeada de árboles y prados tropicales. El espacioso *jacuzzi* de estilo único, los saunas, el gimnasio, las canchas de tenis... todo se realza gracias a su increíble y hermoso escenario.

Cocina: una variedad de diferentes áreas para comer sirven deliciosa comida vegetariana occidental, asiática e hindú, la mayoría cultivada en forma orgánica especialmente para el Resort de Meditación. Los panes y pasteles también se hornean en la panadería propia del centro.

Vida nocturna: se pueden elegir diversos eventos en la noche entre los cuales bailar ¡es el número uno de la lista! Otras actividades incluyen meditaciones con luna llena bajo las estrellas, espectáculos de variedades, interpretaciones musicales y meditaciones para la vida diaria.

O simplemente puede disfrutar conociendo gente en el Café Plaza, o caminar bajo la serenidad de la noche por los jardines de este escenario de cuento de hadas.

Instalaciones: usted puede adquirir todas sus necesidades básicas y artículos de tocador en la Galería. La Galería Multimedia vende una amplia gama de productos multimedia OSHO. También hay un banco, una agencia de viajes y un Cibercafé en el campus. Para aquellos que disfrutan las compras, Pune ofrece todas las opciones, que van desde los productos hindúes étnicos y tradicionales hasta todas las tiendas de marcas mundiales.

Alojamiento: puede elegir hospedarse en las elegantes habitaciones de la Casa de Huéspedes de Osho, o para permanencias más largas, puede optar por uno de los paquetes del programa Living-in. Además, existe una abundante variedad de hoteles y apartamentos con servicios incluidos en los alrededores.

www.osho.com/meditationresort

Para mayor información

www.**OSHO**.com

Página web en varios idiomas que incluye una revista, los libros de OSHO, las charlas OSHO en formatos de audio y video, el archivo de textos de la Biblioteca OSHO en inglés e hindi, y una amplia información sobre las meditaciones OSHO. También encontrarás el plan del programa de multiversidad OSHO e información sobre el OSHO INTERNATIONAL MEDITATION RESORT.

Páginas web:

http://OSHO.com/resort
http://OSHO.com/magazine
http://OSHO.com/shop
http://www.youtube.com/OSHO
http://www.oshobytes.blogspot.com
http://www.twitter.com/OSHOtimes
http://www.facebook.com/pages/OSHO.international

http://www.flickr.com/photos/oshointernational
http://www.OSHO.com/todosho

Para contactar a OSHO International Foundation:

www.OSHO.com/oshointernational,
oshointernational@oshointernational.com

Acerca de este código QR

Este código QR te enlazará con el Canal de Youtube OSHO Español, facilitándote el acceso a una amplia selección de OSHO Talks, las charlas originales de Osho, seleccionadas para proporcionar al lector un aroma de la obra de este místico contemporáneo. Osho no escribía libros; sólo hablaba en público, creando una atmósfera de meditación y transformación que permitía que los asistentes vivieran la experiencia meditativa.

Aunque las charlas de Osho son informativas y entretenidas, éste no es su propósito fundamental. Lo que Osho busca es brindar a sus oyentes una oportunidad de meditar y de experimentar el estado relajado de alerta que constituye la esencia de la meditación.

Estos videos incluyen subtítulos en español y se recomienda verlos sin interrupciones. Éstos son algunos de los consejos de Osho para escuchar sus charlas:

> «El arte de escuchar está basado en el silencio de la mente, para que la mente no intervenga, permitir simplemente lo que te está llegando.»

«Yo no digo que tengas que estar de acuerdo conmigo. Escuchar no significa que tengas que estar de acuerdo conmigo, ni tampoco significa que tengas que estar en desacuerdo.»

«El arte de escuchar es sólo puro escuchar, factual, sin distorsión.»

«Y una vez que has escuchado entonces llega un momento en el que puedes estar de acuerdo o no, pero lo primero es escuchar.»

Si no dispones de un Smartphone también puedes visitar este enlace:

https://www.youtube.com/user/oshoespanol/videos